서울촌놈, 제주에서 자리잡기

좌충우돌 몸으로 겪고 쓴 **제주살이 실용서**

서울촌놈, 제주에서 자리잡기

이강군 지음

아라크네

○

진짜 제주 살기

물랑물랑한 오메기 떡과 따뜻한 커피 한잔을 준비한 다음 페이스북을 들여다보며 하루를 시작한다. 많은 사람들이 그러하듯이 나 역시 일상의 모습을 SNS에 올리며 세상과 소통해 왔다. 10년이 넘도록 하루도 빼먹지 않고 매일 사진과 함께 짧은 감상을 SNS에 올리는 것이 습관이 되었다.

작년 이맘때쯤 SNS에 올린 내 글을 보고 서울의 한 출판사에서 연락이 왔다. 제주에 내려와 좌충우돌하면서 겪었던 일을 정리해, 새롭게 '제주 살기'를 하려는 사람들에게 도움이 될 수 있는 책을 만들어 보자는 것이었다. 처음에는 선뜻 승낙하기가 어려웠다. 이미 제주에서 새로운 삶을 시작한 이들의 책이 많이 출간되기도 했거니와 최근에는 제주 이민 열풍이 다소 주춤했다고 생각했기 때문이다.

제주로 내려오기 전 막막했던 상황과 내려온 뒤 허둥대던 일상이 한동안 머릿속을 맴돌았다. 돌아보면 대부분 정확한 정보가 없어 예상치 못한 상황에서 당황한 일들의 연속이었다. 고민은 오래 가지 않았다. 제주로 삶의 근거지를 옮겨 살고자 하는 이들에게 그간 내가 경험한 내용을 소개한다면 시행착오를 줄이는 데 도움이 될 수도 있겠다는 생각이 들었다.

제주로 내려온 사람들이 모두 같은 삶을 사는 것은 아니다. 떠나온 동기와 과정 역시 다양하고 제주 생활을 통해 얻는 경험과 기쁨의 크기도 다르다. 나 또한 제주로 내려온 수많은 사람들 중 하나일 뿐이며, 내 생활이 '제주 살기'를 온전히 대표하는 것도 아니다. 하지만 그간 내가 제주에 와서 겪은 일을 가감 없이 보여 주는 것만으로도 충분히 의미가 있지 않을까.

20년 가까이 다니던 대기업을 퇴직하고 10년이 넘도록 학생들을 가르치던 교수 신분에서 벗어나 백수가 되었다. 그리고 제주로 내려와 잡부, 농부, 어부, 주부를 거쳐 이제는 작가가 되려나 보다.

제주에 내려와 지낸 시간 동안 참 많은 일이 있었다. SNS의 시간을 역행해 하나하나 훑다 보니 반려견 황주의 어린 시절 사진이 눈에 들어왔다. 겨우내 얼었던 땅을 뚫고 파란 잔디가 삐죽이 모습을 드러내기 시작한 정원에서 황주가 뛰놀고 있었다. 그때를 어찌 잊으랴. 2014년 눈이 내리던 성탄절 즈음, 이삿짐을 미리 보낸 후 자질구레한 나머지 짐을 차에 싣고 어린 황주와 함께 목포에서 제주로 향하는 배에 올랐다. 칼날 같은 해풍을 가르며 5시간에 걸친 항해 끝에 제주에 입성했다. 드디어 제주에서의 삶이 시작된 것이다.

기쁨과 설렘이 교차하는 기분을 음미하던 것도 잠시, 나는 며칠간 찜질방과 집 짓는 현장을 오가는 생활을 반복했다. 그리고 얼마 후 마당에 임시로 설치한 컨테이너에서 본격적인 '제주 살기'가 시작되었다. 몸 둘 곳이 생긴 것은 다행이었으나 화장실도 주방도 없고 난방조차 되지 않았다. 조리 도구라곤 전기냄비 하나뿐이라 매 끼니를 라면으로 때워야 했고, 추울 때는 급탕기로 물을 끓여 커피 한잔 마시는 것으로 위안을 받았다. 씻을 엄두도 못 내고 일주일을 버티다가 근처의 해수 사우나에서 몸에 쌓인 먼지를 닦아 냈다. 하지만 뜨끈한 제주의 바닷물에 몸을 담그고 있으면 불평은커녕 행복한 기분이 흘러넘쳤다. 집 앞으로 보이는 한라산과 공사 중인 마당에 소복하게 눈이 쌓이던 것 또한 잊을 수 없다. 처음 보는 눈이 신기했는지 황주는 마당을 온통 헤집으며 뛰어다녔다. 그 모습을 보며 한참을 웃었다. 하얀 세상과 대비되는 광활한 바다의 푸른빛을 바라보니 편안함과 여유, 감사함으로 마음이 채워지는 것 같았다.

　내가 찾던 행복은 더 이상 서울에 존재하지 않았다. 언제부턴가 우리는 행복을 찾아서 어디론가 떠나고 싶어 한다. 예전에는 은퇴한 50~60대가 한적한 삶을 꿈꾸며 선택했던 '전원살이'가 변화하기 시작했다. 지난해 제주 이동 인구의 절반은 30~40대였다. 이는 과거 대부분의 이주민이 은퇴 후 연령이었던 것과는 대조적인 현상이다. 복잡한 도시를 떠나 한가롭게 올레길을 걷고 예쁜 카페에 앉아 석양을 바라보며 차를 마시는 여유를 누릴 수 있는, 느린 삶을 원하는 사람들이 제주로 찾아들고 있다. 이제는 제주도가 단순한 관광지가 아닌 거주지로 변화하고 있는 것이다.

충분하게 준비를 하지 않고 막연하게 '제주 살기'를 꿈꾸었다가 적응하지 못하고 다시 돌아가는 경우도 많다. 제주에 사는 연예인들의 방송을 통해 만나는 '제주 살기'는 환상적이고 행복한 생활로만 보인다. 하지만 실제 제주에서 산다는 건 연출된 삶과는 조금 차이가 있다. 내 손으로 직접 집을 짓고, 텃밭과 정원을 가꾸기 위해 아침마다 잡초를 뽑는 일은 생각보다 고되다. 하지만 스스로 터전을 가꾸는 기쁨은 그 무엇보다 대단하다. 내가 제주로 온 이유는 행복해지기 위해서였다. 시간과 일에 쫓기는 도시의 삶 속에선 아무리 마음을 먹어도 행복이 멀리 있는 것만 같았다. 그러나 이곳, 제주에서는 미처 알지 못했던 소소한 행복이 눈에 보인다.

이 책에는 서울 촌놈이 무작정 제주에 내려와 집 짓고 농사지으며 좌충우돌하는 모습이 가득 담겨 있다. 그리하여 막연한 환상을 버리고 진짜 제주에서 자리를 잡고 살아가기를 계획하고 있는 사람이 있다면, 이 책이 조금이라도 도움이 될 수 있지 않을까 싶다.

평범하고 보잘 것 없는 내용을 잘 다듬어 책으로 출판해 주신 아라크네출판사에 감사의 말씀을 전한다.

2018년 봄
제주 애월 물메소랑에서 이강군

Contents

프롤로그   진짜 제주 살기   4

01 도시를 떠나다

결심하다   12
도시의 삶은 고달프다 · 13 │ 잃어버린 꿈을 찾아서 · 17 │ 건강검진 받던 날 · 20

떠나다   22
인생은 사모작 · 23 │ 귀농귀촌 아카데미에 등록하다 · 25 │ 떠나자, 제주도 · 30

02 제주에 발을 딛다

터를 잡다   34
제주는 생각보다 넓다 · 35 │ 애월에 터를 잡다 · 41 │ 어떤 집을 지을까 · 44

집을 짓다   52
맨땅에 집 짓기 · 53 │ 기초 공사 시작 · 66 │ 공사 중단과 컨테이너 생활 · 77 │ 공사가 재개되다 · 78 │ 준공이 떨어지다 · 94

안팎을 꾸미다   100
도배와 장판 · 101 │ 마당에 길 내기 · 103 │ 잔디 정원 만들기 · 104 │

조명 설치하기 • 108 | 테라스 정비 • 109 | 타일 작업 • 112 | 페인트칠 • 114 | 주방 만들기 • 119 | 보조 세면대 설치 • 121 | 블라인드 설치 • 123 | 주차장 만들기 • 124 | 목공 작업 • 126 | 건축 비용 정산 • 134

정비와 보수　　　　　　　　　　　　136

방수 작업 • 137 | 무너진 돌담 세우기 • 138 | 시골살이에는 창고가 필수 • 139 | 대문을 달다 • 141 | 평상에 타프를 치다 • 142 | 1층을 카페로 꾸미다 • 144 | 화목난로 설치 • 146 | 테라스 만들기 • 149 | 태양광 전기 공사 • 156 | 강아지에게도 집을 • 158

내 손으로 만든 정원　　　　　　　　　164

나무를 구하다 • 165 | 나무를 심다 • 166 | 꽃과 나무 가꾸기 • 168

03　제주에 뿌리 내리기

농사에 도전하다　　　　　　　　　　174

밭을 갈다 • 175 | 텃밭 가꾸기 • 182 | 잡초와의 전쟁 • 190 | 수확의 즐거움 • 192 | 가을 텃밭 농사 • 199

본격 농사짓기　　　　　　　　　　　204

호박 농사 • 205 | 콩 농사 • 209 | 고구마 농사 • 219 | 유채 농사 • 224 | 해바라기 농사 • 231

제주에서 먹고 살기　　　　　　　　　246

각종 효소 만들기 • 247 | 요리에 도전하다 • 251 | 수확 후 남은 농작물 확보 • 257 | 낚싯대 메고 집 밖으로 • 260 | 물메소랑 에어비앤비 운영 • 262 | 제주를 선택한 이웃들 • 268

04　나는 이제 제주 사람

정착하다　　　　　　　　　　　　　274

제주와 가족 • 275 | 재능 기부 • 278 | 한라산의 사계절을 오르다 • 280

삶을 되찾다　　　　　　　　　　　　283

건강검진을 다시 받다 • 284 | 삶은 여행처럼 • 285

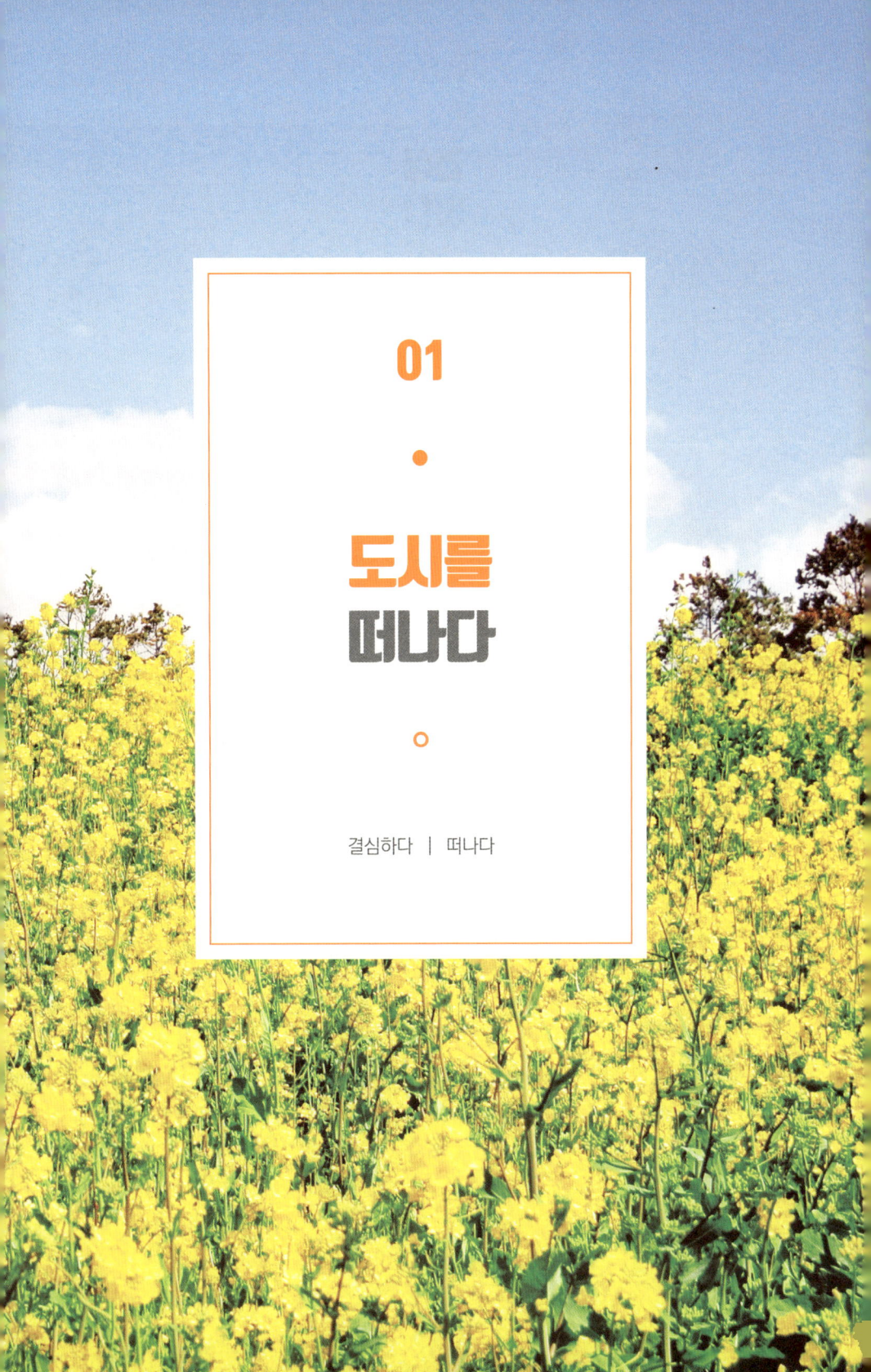

01

도시를
떠나다

결심하다 | 떠나다

결심
하다

o

지난 2002년, 나는 회사를 그만뒀다. 다람쥐 쳇바퀴 돌 듯 반복되는 하루하루가 지겨웠다. 목표를 정하고, 목표를 이루기 위해 계획을 세우고, 정해진 계획을 성실하게 수행하다 보면 꿈꾸던 삶이 이루어질 줄 알았다. 사는 건 누구에게나 힘든 일이니 견뎌 보자고 생각했다. 그렇게 언제가 될지 모를 미래를 꿈꾸며 현재의 시간을 희생했다. 지친 일상 속에서도 과거를 돌아보면 나는 항상 같은 선택을 했을 것이라는 판단이 들어 후회되지 않았다. 그러던 어느 날, 변함없는 출근길 지하철 속 인파에 묻혀 생각했다. 도대체 그 행복한 미래라는 것은 언제 오는 것일까. 이제 내 나이는 더 이상 청춘이라 부를 수 없는데, 미래는 얼마나 더 시간이 지나야 손에 잡히는 것일까. 이제 행복한 삶을 손에 쥐고 싶다.

도시의 삶은 고달프다

도시 생활은 참 바쁘다. 새벽부터 밤늦게까지 뛰어다니다 보면 언제 하루가 끝났는지 알 수가 없다. 출퇴근을 위해 하루에 두 시간 이상 버스나 지하철 안에서 시간을 보내는 건 예삿일이다. 나 역시 대학을 졸업하고 남들처럼 평범하게 직장 생활을 하며 그런 하루에 몸을 맡기고 살아왔다. 그렇게 중년에 이른 어느 날, 내가 행복하지 않다는 것을 느낀 순간 18년 동안의 직장 생활을 정리했다.

미래가 보장된 조직에서 안정적인 생활에 만족하고 있다고 생각했던 내가 사표를 내자 동료와 지인들 모두 의아하게 생각했다. 사장님마저도 퇴사를 만류했다. 그때 난 이런 말을 했다.

> "제가 태어나서 20년은 부모님을 기쁘게 해 주기 위해 살았고, 사회에 나와서 20년은 조직을 기쁘게 해 주기 위해 살았습니다. 하지만 저는 행복하지 않았습니다. 이제 앞으로 20년은 제가 좋아하는 일을 하면서 살기 위해 회사를 떠나고자 합니다. 그리고 만약 저에게 그다음 20년이 허용된다면 그때는 남을 위해서 살겠습니다."

내 또래 사람들이 그러하듯 나 역시 어려서는 안정된 직장을 얻고 결혼해서 행복한 가정을 꾸리는 것이 인생에서 가장 중요한 과제였다. 그와 더불어 몸담고 있는 분야에서 인정받는 위치에 오를 수 있다면 더욱 보람될 것이라고 여겼다. 이후에는 아이들을 잘 키워서 다시 사회에 내보내고 누구의 도움 없이 스스로의 힘으로 노후를 보낼 수 있게 된다면 성공적으로 살아온 것이라 생각했다. 얼핏 평범해 보이는 삶이지만 우리나라에서 이러한 인생 계획을 실현하기 위해서는 경제적인 안정이 뒷받침되어야만 한다. 아마도 흔히 말하는 중산층이 되는 것이 젊은 날 내 인생의 목표였던 것 같다.

우리나라에서는 대체로 경제적 안정을 기준으로 중산층을 구분한다. 따라서 풍족하지 않은 가정에서 태어난 내가 중산층이 되기 위해서는 안정적인 직장에 들어가는 것이 무엇보다 중요했다. 난 대학을 졸업하고 누구나 알 만한 대기업에 입사했다. 20대 후반의 나이였지만 인생의 계획을 차곡차곡 이루고 있다고 자부할 만했다.

직장인을 대상으로 설문 조사한
우리나라 중산층 기준

1. 30평 이상의 부채 없는 아파트 소유
2. 월 급여 500만 원 이상
3. 2,000CC급 중형차 소유
4. 예금액 잔고 1억 원 이상 보유
5. 1년에 1회 이상 해외여행

미국 공립학교에서 가르치는
미국 중산층 기준

1. 자신의 주장에 떳떳할 것
2. 사회적 약자를 도울 것
3. 부정과 불법에 저항할 것
4. 정기적으로 받아 보는 비평지가 있을 것

옥스포드 대학에서 제시한
영국 중산층 기준

1. 페어플레이를 할 것
2. 자신의 주장과 신념을 가질 것
3. 독선적으로 행동하지 말 것
4. 약자를 두둔하고 강자에 대응할 것
5. 불의, 불평, 불법에 의연히 대처할 것

퐁피두 대통령이 「삶의 질」에서 언급한
프랑스 중산층 기준

1. 외국어를 하나 이상 할 것
2. 직접 즐기는 스포츠가 있을 것
3. 다룰 줄 아는 악기가 있을 것
4. 남들과는 다른 요리를 만들 수 있을 것
5. '공분'에 의연히 참여할 것
6. 약자를 도우며 봉사 활동을 꾸준히 할 것

최근에야 안 사실이지만 중산층을 경제력으로 판단하는 나라는 많지 않았다. 미국에서는 인식 수준에 따라 중산층을 구별했고, 영국 또한 신념을 강조한다. 프랑스는 삶을 즐길 줄 아는 여유를 중산층의 기준으로 제시한다. 그러나 우리는 부동산, 월급, 예금액이 중산층의 기준이다. 왜 일류 대학, 대기업을 향해 앞만 보고 달리는 사회가 되었는지 쉽게 알 수 있는 대목이다. 나 역시 처음 입사한 대기업에서 18년 동안 성실하게 일했다. 인정도 받으며 동료들의 부러움을 사기도 했다. 그러나 그것뿐이었다. 과도한 업무와 사람들의 기대는 나를 점점 지치게 만들었다. 성과를 낼수록 만족감보다는 피곤함이 더 컸다.

어느덧 중년의 나이에 이르러 나는 이제 회사와 남을 위한 삶이 아닌 나를 위한 삶을 살고 싶었다. 경제적인 성공 이외에 나 자신이 만족할 만한 일을 찾고 싶었다. 사표를 내고 불혹이 넘은 나이에 새로운 도전을 했다. 석사와 박사 학위를 취득하기 위해 다시 공부를 하고 서울의 한 대학교 강단에 서게 됐다. 새로운 인생의 시작에 설렜고 그만큼 보람도 컸다.

직업은 바뀌었지만 바쁜 일상은 계속됐다. 누구에게나 24시간 똑같은 하루가 주어진다. 그러나 24시간으로 하루를 사는 사람이 있는가 하면 1,440분으로 쪼개서 사는 사람, 8만 6,400초로 숨 가쁘게 사는 사람이 있다. 이때까지도 나는 최대한 잘게 쪼개서 남는 시간 없이 바쁘게 사는 것이 보람찬 하루를 보내는 것이라고 생각했다. 하루 일과는 언제나 빠듯했다. 새벽부터 집에서 나와 만원 지하철에 끼어 출근을 하고 학교 근처에서 간단하게 김밥이나 만두를 사서 아침을 때우자마자 바로 밀어닥친 일거리들을 처리했다. 강의 준비, 수업, 논문 지도, 보고서, 기관 평가, 사외 강의로 쉴 틈 없이 하루를 보내고 밤늦게 귀가하면 피곤함이 밀려왔다. 다음 날이면 다시 엇비슷한 하루가 이어졌다.

나는 항상 목표를 세우고 그걸 이루기 위해 최선을 다해 살아왔다. 일에 대한 보람과 열정이 넘치다 보니 직장 생활을 했을 때보다도 더 자주 막차를 타고 귀가하는 일도 많았다. 그렇게 13년을 교수직에 몸담고 목표했던 대로 살아왔는데 항상 여유 없는 일상에 쫓기다 보니 언제부턴가 마음속에 의문이 생겼다. 보람된 인생의 길을 걷고 있는데 왜 매일이 피곤하고 웃음은 점점 사라질까.

인생은 자전거를 타는 것과 같다.
균형을 잡으려면 움직여야 한다.

- 알버트 아인슈타인

아인슈타인의 말처럼 인생은 자전거를 타는 것과 같아 페달을 밟아 균형을 유지하지 않으면 쓰러지게 된다. 우리가 달리는 길에는 평지도 언덕도 내리막도 있다. 평지를 달리다 언덕을 만나면 죽을힘을 다해 올라야 하고, 내리막을 만나면 잠깐 숨을 돌릴 수 있다. 나는 힘이 들 때마다 지금은 가파른 길을 오른다고 생각했다. 언덕은 언젠가 끝이 나고 내리막길이 나타날 것이라는 기대를 하며 끝까지 가 보자고 스스로를 다독였다. 그러나 도시에서의 삶은 대부분의 날들이 가파른 오르막의 연속이었다.

잃어버린 꿈을 찾아서

어렸을 때 내 꿈은 라디오방 주인이 되는 것이었다. 라디오방은 보통 전파상 같은 곳을 말한다. 어렸을 때는 라디오가 제일 흔한 전자 제품이기도 했고, 전파상에서 가장 많이 팔리고 수리 요청도 많은 물건이었기 때문에 라디오방이라 이름 붙인 가게들이 제법 있었다. 내 나이대의 남자들이라면 문방구에서 조립용 광석라디오를 사서 직접 짜 맞추고 전파를 잡아 〈밤을 잊은 그대에게〉를 들어 본 추억이 있을 것이다. TV는 부잣집에만 겨우 있어 저녁이면 그 집 마당에 모여 앉아 마루에 내다 놓은 TV를 온 동네 사람들이 함께 보던 시절이었다. 그렇게 귀한 TV나 라디오가 고장이 나면 큰일이다. 그런데 고장 난 라디오가 라디오방 주인의 손에만 들어가면 신기하게도 다시 소리가 나오곤 했다.

공고에 진학해 전자과를 나와서 라디오방을 하고 싶었다. 그러나 어려운 집안 형편에 4남매가 모두 학교에 다닌다는 게 쉽지 않은 시절이었다. 학기마다 선생님의 등록금 독촉을 당하지 않고 학교를 다닐 수 있었으면 좋겠다는 게 작은 바람이었다. 그러나 전액 장학금을 받을 수 있는 전형에서 떨어져 할 수 없이 인문계 고등학교에 진학해야 했다. 학교에 들어가서는 장학금을 받기 위해 아이스하키를 시작했다. 그러나 아이스하키는 돈이 많이 드는 운동이었다. 등록금 때문에 아이스하키를 시작했는데 거기에 쏟아 부을 돈이 있을 리 없었다. 그때 마침 새로 밴드부가 창설되어 단원을 모집했다. 모집 조건에 등록금 면제가 있었다. 앞뒤 가리지 않고 밴드부에 가입했다. 태어나 처음으로 색소폰을 손에 쥐게 된 나는 입술이 부르트도록 색소폰을 연습했다. 열심히 하다 보니 악장이라는 직책을 맡게 되었다. 그렇게 고등학교 시절은 운동과 밴드 생활로 보냈다. 공부는 당연히 뒷전이었다.

뒤늦게 고3이 되어서야 공부를 시작했다. 그러나 공부를 해 본 적이 없으니 어떻게 해야 하는지도 몰랐다. 그냥 무식하게 책을 파고 또 팠다. 어차피 참고서 살 돈도 없으니 가지고 있는 교과서를 보고 또 보면서 달달 외우면 되는 일이었다. 3년 동안 해야 하는 공부를 6개월 만에 해치워야 했다. 태어나서 그렇게 죽어라 공부를 해 본 적이 없다. 얼마나 지독하게 공부를 했는지 그때 암기했던 교과서 속 시들을 지금까지 외우고 있다.

큰 욕심 없이 대입 시험에 응시했는데 그만 합격을 했다. 막상 대학에 입학하니 세상이 달라 보였다. 새로운 희망과 꿈도 생겼다. 좋은 직장에 들어가서 번듯한 사회생활을 하고 싶었다. 졸업도 하기 전에 그 어렵다는 삼성그룹 공채에 합격했을 때는 세상을 다 가진 것처럼 행복했다.

사회생활에 익숙해지면서 나는 항상 '최고'이자 '최초'가 되기 위해 노력했다. 나뿐만이 아닐 것이다. 경쟁 사회에 살다 보니 이기고 살아남아 최고가 되는 것이 가치 있는 일이라 믿게 된다. 학교에서도 열심히 공부해 반드시 1등급이 되어야 좋은 대학에 가고 미래가 보장된다고 믿는다. 그래서 우리는 수단과 방법을 가리지 않고 이기는 방법을 배운다. 하지만 살면서 필요한 건 학교에서 배우는 그런 경쟁이 아니라는 것을 뒤늦게 깨달았다. 인생에서 정말 필요한 것은 실수를 통해 배우는 것, 옳고 그른 것을 판단할 수 있는 것, 결과가 아니라 과정의 행복을 즐기는 것이다. 뒤늦게 이런 깨달음을 얻었지만 어느샌가 꿈을 잃은 중년이 되어 있었다.

라디오방 주인이 되었더라면 더 행복했을까. 방황하는 중년이 되어서야 어린 시절의 꿈이 생각났다. 라디오방의 주인이 되고 싶었던 이유는 멋지고 행복해 보였기 때문이다. 그럼 이제 나는 어떻게 살아야 할까, 어떻게 해야 매일 아침을 기대감으로 시작할 수 있을까. 직업이 아닌 진짜 꿈을 되찾고 싶다는 생각이 간절해졌다.

"절대 열심히 공부만 하지는 말아라. 자기 인생의 주인으로 살려면
네가 좋아하는 것을 해라."

두 아들에게 이런 말을 한 적이 있다. 아이들이 행복한 삶을 살았으면 하는 마음에서 우러난 진심 어린 충고였다. 그때 아이들에게 했던 충고를 스스로 되새겨 보았다. 내가 먼저 행복한 인생을 사는 것을 보여 주는 것이 아이들에게도 나 자신에게도 더 좋을 것이다.

열심히 산다고 해서 반드시 행복한 것은 아니다. 그걸 증명하듯 회사를 떠나 교수가 되었어도 행복은 충족되지 않았다. 그래서 나는 새로운 꿈을 꾸기 시작했다. 직업을 바꾸고 생각을 바꾸는 것만으로 마음의 여유를 만들 수 없다면, 삶의 터전을 바꿔 보는 것은 어떨까. 평생 살아왔던 도시를 떠나 보는 것, 시작은 단순했다.

건강검진 받던 날

나는 살면서 특별히 아픈 적도, 병원 신세를 져 본 적도 없다. 감기도 크게 앓아 본 적이 없을 정도로 건강에 자신이 있었다. 하지만 다시 생각해 보니 먹고사느라 바빠서 건강에 대해 신경을 써 본 적이 없었다는 게 맞는 말인 것 같다. 그래서 내 자신이 무척 건강한 줄 알았다. 특별히 이상 증상을 겪어 본 적이 없으니 타고난 건강 체질이라고 자부하기도 했다. 바쁘다는 핑계로 건강검진도 제때 받질 않았고, 가끔 받는 건강검진에서 재검이 나와도 느껴지는 증상이 없으니 무시하고 넘어가는 경우가 많았다.

통증은 갑자기 찾아왔다. 여기저기서 이상 신호가 나타났다. 멀쩡한 줄 알았던 척추가 휘고 골반이 틀어져 몇 시간만 강의를 해도 다리가 아팠다. 어깨 근육은 잔뜩 뭉쳐 있고, 머리도 늘 맑지 않았다. 속쓰림은 새벽부터 찾아왔다. 항상 과로에 시달리다 보니 스트레스로 정신과 함께 몸도 지쳐 갔다. 병원에 갔더니 당뇨 진단이 나왔다. 의사는 처방을 내리며 죽고 싶지 않으면 더 이상 무리하지 말고 쉬어야 한다고 했다.

잦은 회식으로 날마다 술을 마시고, 바쁜 일상 때문에 운동도 하지 못해 몸무게는 무려 90㎏을 넘겼다. 이대로는 언제 쓰러질지 모르겠다는 위기감이 들었다. 하지만 위기가 기회를 만든다고 했던가. 당뇨 진단을 받고 관리를 시작하면서 나는 그동안 막연하게 꿈꿨던 일들을 이제 결심해야 할 때가 아닌가 고민했다. 과한 욕심을 버리고 정말 하고 싶은 몇 가지 일에 집중하면서 살고 싶다는 생각을 구체적으로 떠올렸다.

인생의 마지막 황금기를 맞아 오롯이 나 자신만을 위한 삶을 살아 보려고 한다. 나는 이제 중년을 넘어 노년의 삶을 준비해야 할 시점이다. 살아가는 동안 더 많이 웃고, 다양한 것을 경험하고, 가고 싶은 곳이 있으면 용기를 내서 떠나고 싶다. 그렇게 살아 보자. 이제 남겨진 시간은 진짜 재미있는 하루하루가 될 수 있도록 살아 보자. 이제 내 인생의 가장 큰 화두는 '행복'이다.

떠나다

○

나는 남은 인생을 도시에서 떠나 살기로 결심했다. 그렇다면 매일 이 버킷리스트 같은 삶을 살 수 있는 곳으로 떠나 보면 어떨까. 자연으로 둘러싸인 곳, 산이어도 좋고 바다여도 좋다. 떠난다는 결정을 내린 순간, 설렘과 초조가 친구처럼 손을 잡고 다가왔다. 맑은 공기 속에 깨어나 산책을 하고 주변을 가꾸고, 동네를 탐험하면서 매일을 여행자처럼 살 것이다. 그럼 이제 무슨 준비를 해야 하는지가 고민이었다. 농사하는 방법을 배워야 할까, 다른 기술이 더 필요할까, 전원생활에는 강아지도 한 마리쯤 동행하면 좋겠지. 내가 이 모든 것을 감당할 수 있을까. 고민은 꼬리에 꼬리를 물었다. 그러나 나는 돈벌이에 대한 부담, 과중한 업무와 스트레스를 과감히 모두 놓기로 이미 결정했다. 결심을 실행에 옮길 시간이다.

인생은 사모작

40대 중반에 나는 다음과 같은 내용의 버킷리스트를 작성했다.

① 미치도록 사랑하고 사랑받고 싶다.
② 철인 3종 경기를 완주하고 싶다.
③ 눈이 시리도록 멋진 사진을 찍고 싶다.
④ 자전거를 타고 전국 일주를 하고 싶다.
⑤ 머리카락과 수염을 길러 보고 싶다.
⑥ 걸어서 전국을 돌아다녀 보고 싶다.
⑦ 악기를 멋지게 연주하고 싶다.
⑧ 천년 후에도 기억될 수 있는 책을 쓰고 싶다.
⑨ 혼자서 히말라야에 오르고 싶다.
⑩ 배낭을 메고 아무 때나 훌쩍 여행을 떠나고 싶다.

버킷리스트 중 하나인 배낭여행 계획을 실천하기 위해 무작정 인도로 떠난 적이 있다. 저녁 무렵 도착한 인도 뭄바이 공항의 하늘에는 별이 가득했다. 별만큼이나 배낭 여행객들도 많았다. 이상한 기분이 들기도 했다. 이렇게 많은 사람들이 자유롭게 떠나오는 걸 나는 왜 여태 못해 봤을까. 막상 시도하면 별것 아닌데 계획을 세우자니 부담스럽고 떠나자니 겁이 났다. 사소한 용기가 어떻게 행복으로 돌아올 수 있는지 그때 비로소 깨달았다. 그 이후 자전거로 전국 일주를 하고, 혼자서 히말라야에 올랐으며, 다양한 악기들을 연주하게 되었다.

버킷리스트를 하나씩 이룰 때마다 성취감은 날로 상승했다. 회사에서 프로젝트를 성공적으로 마무리했을 때도 느끼지 못한 만족감이었다. 결심을 행동으로 옮기는 일은 점점 더 즐거워졌

무작정 떠났던 인도 배낭여행

다. 하나를 성취할 때마다 나는 점점 더 과감해졌다. 차근차근 준비하고, 빠르게 결심하고, 과감하게 행동했다. 일단 저지르고 나면 걱정과 두려움은 생각보다 크지 않았다. 그동안 망설이느라 못해 본 여러 가지 일이 생각나 아쉬울 뿐이었다.

오랫동안 출퇴근을 하며 틀에 짜인 일상을 살다 보니 내 버킷리스트 대부분은 여행에 관한 내용이었다. 나는 항상 어디론가 떠나고 싶었다. 직장인에게 여행은 큰마음을 먹어야 갈 수 있는 것이다. 그러고 보니 고질적인 스트레스로부터의 탈출이나 휴식 같은 것을 여행이라고 불러왔던 것 같다. 구경하고 즐기고 먹고 마시고 걷고 뛰고, 주어진 상황에 따라 즐거움을 찾으며 사는 여행자의 하루하루가 부러웠다. 매인 데 없이 바람자 같은 삶은 곧 내 꿈이 됐다. 단 한 번도 도시를 떠나서 살아 보겠다고 상상해 본 적이 없던 내가 여행자의 삶을 동경하면서부터 전원생활을 꿈꾸게 됐다.

나는 스스로 내 인생을 사모작이라고 말한다. 어려운 가정환경 때문에 혼자 힘으로 대학을 졸업할 때까지가 내 인생의 일모작이다. 대학 졸업 후 취업한 대기업에서 18년을 근무하며 인생 이모작을 지었다. 가족과 조직을 위해 발판을 마련하고 뛰어다녔다. 마흔을 넘겨 타인을 위한 삶을 정리하고 스스로 하고 싶은 직업을 찾아 삼모작을 보냈다. 그렇게 13년을 대학 교수로 생활했다. 이제 남은 삶 동안 나 자신의 행복을 위한 준비로 사모작을 시작하려고 한다. 사모작의 기간 동안에는 더 이상 여행자의 삶을 부러워하지 않고 매일을 소소한 행복으로 채우며 살아가고 싶다.

나는 이제 은퇴하고자 한다. 직장인과 교수로 보낸 지난 30여 년의 삶을 정리하며 더 이상 돈을 버는 경제활동에 집착하지 않기로 했다. 오랫동안 꿈꿔왔던 전원에서의 삶을 시작해야 할 시점이 된 것이다.

귀농귀촌 아카데미에 등록하다

누구나 한 번쯤은 공기 좋은 곳에 집을 짓고 여유롭게 차 한잔으로 시작하는 삶을 꿈꿔 본 적이 있을 것이다. 누군가는 사업에 실패해서, 누군가는 번잡한 도시가 싫어서, 또 누군가는 은퇴 후 조용한 노후를 위해서, 많은 사람들이 도시를 떠난다. 중장년뿐만 아니라 청년들도 복잡한 도시를 탈출해 떠나려는 사람들이 점점 늘고 있다. 그리고 나 또한 그런 사람들 중 하나가 됐다. 친구들을 만나도 온통 귀농·귀촌 얘기가 화제다.

도시 생활을 접고 시골에 간다면 이른 아침에 잠에서 깨어 몸을 쓰는 생산적인 활동을 하고 싶다는 게 나의 막연한 바람이었다. 그렇다면 초보 농사꾼이 되어 보는 건 어떨까. 물론 농사 경험도 전혀 없는 상태에서 무작정 시골로 떠난다는 것은 어려운 일이다. 그러나 농사를 지어 큰돈을 벌어 보겠다는 욕심이 없으니 막연한 바람도 막막하지가 않다. 내가 먹고 살 만큼의 작물을 얻을 수 있으면 그만이다.

도시를 떠나겠다고 마음을 결정한 이후 '귀농귀촌 아카데미'에 수강 신청을 했다. 인터넷으로 '귀농귀촌 아카데미'를 검색하면 다양한 정보를 얻을 수 있다. 정부나 각 지방자치단체에서 운영하는 아카데미를 비롯하여 민간 기관에서 운영하는 아카데미까지 꽤 다양한 곳에서 귀농·귀촌에 대한 교육을 진행한다. 그중 자신에게 적합한 교육 과정을 선택해야 한다. 필요한 교육이 무엇인지 먼저 생각을 해 보면 선택은 좀 더 쉬워진다.

나는 일단 무작정 시골살이를 결심한 상황이었기 때문에 귀농이나 귀촌에 대한 지식이 없었다. 그래서 기본 지식과 준비 과정을 배울 수 있는 아카데미 위주로 검색을 했다. 대부분의 아카데미에서 농촌에 대한 기본 지식을 교육하고 있기 때문에 수강을 하는 것은 어렵지 않았다. 생업이 바빠서 직접 수업을 늘으러 갈 수 없다면 온라인으로도 수강이 가능한 수업도 있기 때문에 각자 자신에게 편한 방법을 선택하면 된다. 또한 무료 교육과 유료 교육이 있으니, 유료 교육을 신청할 계획이라면 강의 내용을 꼼꼼하게 확인해 보고 자신에게 반드시 필요한 것인지 판단해야 한다. 판단이 서지 않는다면 무료 교육이나 온라인 교육 등을 통해서 기본 지식을 익힌 후에 다시 유료 교육을 알아보는 것이 좋다.

나는 먼저 3개월 동안 매주 한 번씩 교육을 받는 정규반에 등록했다. 수업 내용은 귀농·귀촌을 위한 준비 과정과 기본 지식을 익히는 것이었다. 기본 교육은 온라인으로 수강해도 큰 어려움이 없지만, 직접 교육을 가서 나처럼 귀농·귀촌을 결심한 이들과 함께 수업을 받고 싶은 마음이 컸다. 기본 과정을 익힌 후에는 특화 교육을 다시 수강했다. 특화 교육은 한 달씩 진행됐는데 농작물별로 재배 방법을 배울 수 있다. 특화 교육을 이수한 후에는 농사가 뭔지 조금은 알 것 같다는 생각이 들기도 했다. 귀농 결심 초보자의 겁 없는 생각이었다.

지역별로 '귀농귀촌 지원센터'를 운영하는 곳이 많으니 귀촌을 희망하는 지역의 '귀농귀촌 아카데미'를 수강하는 것도 좋다. 농사를 짓는 것이 꿈이라면 지역에 맞는 작물의 재배 방법을 배우는 것도 필수적인 일이기 때문이다.

귀농귀촌 아카데미에서 참여했던 현장 실습

본격적인 귀농을 결심한 이들이라면 정부의 귀농 정책을 잘 살펴보는 것도 중요하다. 귀농 창업 자금 및 주택 구입 자금에 대한 혜택 등 꽤 다양한 귀농 정책이 있기 때문이다. 이러한 정부 정책을 신청하기 위해서는 귀농 교육을 이수하는 것이 필수적이다. 특히 어떤 아카데미에서 수업을 받든지 교육은 총 100시간 이상을 이수해야 정부 지원 혜택을 신청해 볼 수 있는 여건이 갖춰지기 때문에 시골살이를 꿈꾼다면 '귀농귀촌 아카데미'는 반드시 기억해 두어야 한다.

TIP 귀농귀촌 아카데미

귀농귀촌 아카데미를 통해 귀농과 귀촌에 대한 기본 지식을 비롯하여 구체적인 전문 지식까지 다양한 귀농귀촌 노하우를 배울 수 있다. 각 지자체를 비롯해 귀농귀촌 종합센터 및 사설 기관 등에서 아카데미를 운영하고 있다. 대다수 귀농귀촌 아카데미는 귀농귀촌을 희망하는 도시민을 대상으로 안정적인 농촌 정착에 필요한 정보를 제공하여 체계적인 귀농귀촌 실행 준비를 지원한다. 그밖에 작물 재배 등에 관한 실무 교육을 추가적으로 제공하고 수료증 및 인증서를 발급한다.

귀농귀촌 아카데미(귀농귀촌종합센터) 교육 과정

과정	교육 대상 및 심사 기준
기본 공통 교육	귀농귀촌 교육 이력이 없거나 기초 소양 교육의 필요성을 느끼는 초기 관심자
주문형 교육	귀농귀촌 교육을 5시간 이상 수료한 자로 관심 확대자
청년 창업 교육	귀농귀촌 교육을 5시간 이상 수료한 자로 젊은 청년층(2030 세대) 중 농산업 창업 관심자
여성 창업 교육	귀농 교육을 5시간 이상 수료한 자로 예비 여성 귀농인 창업 관심자

농림축산식품부 산하 기관인 농림수산식품교육문화정보원에서 운영하고 있는 귀농귀촌종합센터는 귀농 및 귀촌을 꿈꾸는 사람이라면 반드시 알아 두어야 하는 곳이다. 귀농귀촌종합센터에서는 귀농귀촌에 대한 기본 정보를 비롯하여 귀농귀촌을 꿈꾸는 이들을 위한 상담 또한 진행된다. 그밖에 다양한 교육 정보와 지원 정책 등을 제공한다. 농촌의 빈집 정보, 농지 정보를 확인할 수 있으며, 귀농인의 집을 통해 영농 기술을 배우고 실제 농촌 체험을 해 볼 수 있는 기회를 가질 수 있다. 또한 각 분야의 전문가로부터 궁금한 사항에 대한 상담을 받을 수 있다.

민간 기관 및 농촌진흥청, 도 농업 기술원, 시·군 농업기술센터 등의 교육 일정도 공지되어 있어 귀농귀촌에 대한 생각을 가진 이들이라면 주기적으로 정보를 확인해 보는 것이 좋다.

회원 가입만 하면 누구나 무료로 다양한 온라인 교육을 수강할 수 있다. 기본적인 작물 재배 및 축산 관련 내용부터 귀농귀촌을 준비하는 단계에서 미리 알아야 할 성공 사례, 갈등 사례와 갈등 관리, 귀농귀촌 창업에 대한 마케팅 전략 등 다양한 내용의 수업이 있다. 원하는 시간에 강의를 수강할 수 있기 때문에 특정 시간에 특정 장소에 수업을 받으러 가기 어려운 경우 이 사이트를 이용하는 것이 좋다.

온라인 교육에는 귀농 교육뿐 아니라 품목 기술, 유통 식품, 정보화 등 일반 농업인을 대상으로 하는 교육도 있다. 따라서 귀농 후에도 다양한 정보를 찾아볼 수 있는 곳이다.

떠나자, 제주도

귀농귀촌 아카데미에서 수업을 받고 다양한 정보와 자료들을 찾아
보는 동시에 어디로 떠날 것인지 생각했다. 산으로 가서 농사를 지을
것인가. 바다로 가서 물고기를 잡을 것인가. 아니면 해외의 한적한 마
을에 가 볼까. 시간이 날 때마다 전국을 여행하며 어디로 떠날 것인지
고민했다. 정말 대책 없이 여유로운 계획이었다.

농사도 짓고, 낚시도 하고, 틈날 때마다 여행도 해 볼 수 있는 곳으
로 선택한 정착지는 바로 제주도였다. 많은 이들이 제주로 떠난다. 제
주도 자체를 동경하는 사람도 있고, 나처럼 떠나기를 결심하고 제주
도를 생각하게 된 사람도 있을 것이다. 특히 유명 연예인들이 제주도
에서 여유로운 삶을 사는 것이 방송에 나오면서는 더 많은 이들이 제
주도에서의 삶을 꿈꾸게 됐다. '제주 이민'이라는 신조어까지 생겨났
을 정도다. 대표적인 신혼 여행지, 수학 여행지로 각광받던 제주도는

이제 거주지로서 많은 사람들이 동경하는 땅이 됐다.

제주도에 대해 내가 갖고 있던 인상은 '사철 따듯한 남쪽 땅, 미세 먼지가 없는 곳, 문만 열면 아름다운 자연을 마주할 수 있는 풍경, 결코 서두르는 법이 없는 사람들' 같은 것이었다. 나에게는 그것으로 충분했다. 서울에 대해 잘 안다고 해서 서울에서의 삶이 행복했던 것은 아니다. 물밀 듯이 밀어닥친 하루를 숨 가쁘게 살았을 뿐이다. 그러니 무작정 떠나는 것도 괜찮지 않을까. 유유자적한 삶이 목표인데 어디서 거주할지 생각하느라 골머리를 썩는 건 맞지 않다.

제주에서 운영되는 귀농귀촌 교육 프로그램

운영 기관	프로그램	내용
농업기술원	귀농인 영농 지원 프로그램	감귤 및 만감류 병해충 방제, 월별 과원 관리 기술 등 교육
	귀농·귀촌 교육(100시간)	귀농귀촌 정책 및 제주 농업, 농촌, 문화 등 교육
	친환경 농업 교실 (10회 40시간)	친환경 농업과 미생물, 친환경 자재 등 교육
	도시 직장인 야간 귀농 교육	귀농귀촌 농업 정책 및 품목별 재배 기술 기초 교육
서귀포시 (마을활력과)	귀농·귀촌 기본 교육 과정	–
	귀농·귀촌 심화 및 창업 연계 과정	목공, 천연염색, 블로그 홍보 기법 등 7개 과정 교육
농협중앙회 제주지역본부	귀농·귀촌교육	정책 자금 지원, 귀농 성공 사례 특강, 영농기술 정보 등 교육

02

제주에
발을 딛다

터를 잡다 | 집을 짓다 | 안팎을 꾸미다
정비와 보수 | 내 손으로 만든 정원

터를
잡다

　무식하면 용감하다고 했던가. 떠나자는 결심이 서기 무섭게 떠오르는
생각들을 행동에 옮기기 시작했다. 어딘가 떠나고자 마음을 먹은 후 정
착할 지역을 정했다면, 거주지를 마련하는 것이 당연한 절차다. 제주에
서 살기 위해서 다양한 주거 형태를 선택할 수 있겠지만, 나의 경우 직
접 터를 고르고 그곳에 집을 지어 살려고 마음먹었다. 정착할 지역을
정하고 적당한 땅을 구한 다음에는 집 짓기에 대한 사전 정보 수집과 전
문가의 조언을 들어서 건축 구조를 선택하는 것으로 제주 정착 과정을
본격적으로 실행했다. 단순한 듯 보이지만 복잡하고 귀찮은 일을 직접
실행에 옮기게 된 이유는 삶의 공간이 인간에게 얼마나 중요한지 깨달
았기 때문이다. 제주에 와서 터를 잡고 집을 지으려는 계획을 가진 사람
들에게 생고생을 하며 발로 뛰고 몸을 써서 이뤄 낸 결과물을 소개한다.

제주는 생각보다 넓다

　제주도는 우리나라의 최남단에 위치하며 연평균 16℃의 온난한 기후를 자랑한다. 따뜻한 일상과 노년의 안정을 꿈꾸며 귀향하기에는 더할 나위없는 조건을 가지고 있다. 나 역시 마찬가지 이유로 제주로 떠나고자 마음먹었다.

제주도 평균 기후

운영 기관	북부(제주)	서부(고산)	남부(서귀포)	동부(성산)
평균기온	15.5℃	15.5℃	16.2℃	15.2℃
최고기온	18.7℃	18.2℃	19.8℃	19℃
최저기온	12.4℃	13.1℃	13℃	11.3℃
평균습도	73.3%	76.5%	70.7%	75.3%
강수량	1456.9mm	1094.7mm	1850.8mm	1840.9mm
평균풍속	3.8㎧	6.9㎧	3.1㎧	3.1㎧

　도시의 터전을 정리하고 제주에 정착하기로 결정했다면 이제 거주지를 정해야 한다. 먼저 거주 방식을 생각해 보자. 내 집을 마련해 거주하느냐, 전세나 월세를 얻을 것이냐를 정해야 한다. 그것도 아니라면 숙식이 제공되는 일자리를 얻을 수도 있다. 그러나 제주도에서 일자리를 얻어 생활하는 것은 보다 신중해야 한다. 일단 제주도의 평균 임금은 도시보다 낮다. 단순히 제주에서 살고 싶다는 이유로 도시에서와 같은 씀씀이로 직장 생활을 하겠다는 계획이라면 서울에서와 마찬가지로 제주의 삶 또한 금세 싫증 날 수 있다. 제주에 정착을 하겠

다면 단순하게 거주지를 옮긴다는 생각에서 더 나아가 삶의 이유와 가치를 다시 설정해야 한다. 조금 덜 벌어도 자연이 더불어 있고 마음의 여유를 느낄 수 있는 삶을 원한다면 제주도에서 직장 생활을 꿈꾸는 것도 나쁘지는 않다.

나는 제주도로 완벽하게 거주지를 옮길 생각이었기 때문에 집을 마련해야 했다. 직접 살고 싶은 땅을 정해서 그곳에 집을 지어 보겠다는 야심찬 계획을 세웠다. 내가 할 가장 첫 번째 과제는 땅을 구하는 일이었다.

1970년에 제주 인구는 36만 명 정도였으며, 1990년에 50만 명을 넘어서고 최근에는 66만 명을 훌쩍 넘었다. 도시를 떠나 제주로 이주하는 사람들이 늘어나면서 제주의 땅값도 부쩍 올랐다. 그래서 이미 제주 이민이 포화 상태를 이루었다고 생각하는 사람들도 많다. 그러나 제주도는 서울보다 3배 큰 면적을 가지고 있다. 제주에는 아직 땅이 많다. 충분히 다양한 정보를 구하고 발품을 팔아서 잘 찾아보면 적당한 가격으로 구입할 수 있는 터가 남아 있다. 투기의 목적이 아닌 평안한 삶을 위한 터전을 찾는다면 아직 실망할 필요는 없다.

제주도는 크게 제주시와 서귀포시로 나뉜다. 세부적으로는 7개의 읍과 5개의 면으로 이루어졌다. 그중 정착 목적이나 선호하는 조건에 따라 우선 거주 희망 지역을 정해 볼 수 있을 것이다. 서울살이에서도 직장의 위치, 집값, 동네의 분위기 등 다양한 이유로 거주 지역이 결정된다. 제주 또한 마찬가지다. 각 지역별로 분위기와 집값, 환경 등에 차이가 있다. 바닷가 지역, 산과 인접한 제주 중심 지역, 편의 시설이 많은 시내 등 제주에서 무엇을 할 것인가에 따라 정착지를 결정해야 한다. 만약 서울에 가야 할 일이 많다면 공항 인근에 거주지를 정하는 것도 방법이다. 그러나 직장을 제주 도심에 구했는데 거주지를 바닷가 인근으로 정한다면 매일 긴 거리를 오가야 한다. 그러므로 거주 지역을 선정할 때는 내가 제주에서 우선적으로 생각하는 일이 무엇인지 알아야 한다.

나처럼 단순하게 귀촌을 하는 것이라면 취향과 예산에 따라 살고 싶은 곳을 거주 지역으로 정하면 된다. 하지만 귀농이 목적이라면 제주도의 특성을 좀 더 살펴보아야 한다. 귀농 후 어떤 농사를 지을 것인가에 따라 거주 지역이 결정될 수 있기 때문이다. 제주는 각 지역마다 토양의 성질이 다르다. 따라서 재배되는 작물 또한 지역마다 다르다. 만약 하고 싶은 농사가 있다면 그 농작물이 자랄 수 있는 지역을 선택해야 하는 것이다. 땅의 특성에 맞춰 농사를 짓고자 한다면 선택의 폭은 더 넓어질 수 있다.

귀농

농사를 생업으로 삼기 위해
농촌에 오는 것

귀촌

농촌에 살기 위해
오는 것

TIP 제주 지역별 주요 농작물

제주는 기본적으로 화산회토의 토양과 공장이 없는 깨끗한 환경으로 인해 대다수
작물의 품질이 우수하다. 또한 지역에 관계없이 다양한 작물의 재배가 가능하지만,
지역별로 특별히 더 잘 자라고 맛이 좋은 농산물이 있다.

제주의 서쪽은 비교적 날씨가 좋은 편이지만 바람이 거세며, 주로 잎채소 등이 잘 자란
다. 동쪽은 흐린 날이 많으며 습한 편이라 당근, 감자, 더덕 등 땅 속에서 키우는 작물이
잘 자란다. 북쪽은 서쪽과 동쪽의 특성을 공유하고 있는 있다. 서귀포로 대표되는 남쪽은
따뜻한 기후를 자랑하고 있어 제주에서 유명한 과실류가 대대적으로 재배되는 지역이다.

북부 애월, 제주, 조천	서부 한경, 한림, 대정, 안덕	남부 중문, 서귀포, 남원	동부 구좌, 성산, 표선, 우도
양배추, 브로콜리, 양파, 보리, 콩, 단호박, 화훼 등	양배추, 브로콜리, 콜라비, 양파, 마늘, 단호박, 시설 채소 등	감귤, 한라봉, 레드향, 천혜향, 키위, 망고 등	당근, 감자, 무, 더덕, 마늘, 콩, 양파, 참깨 등

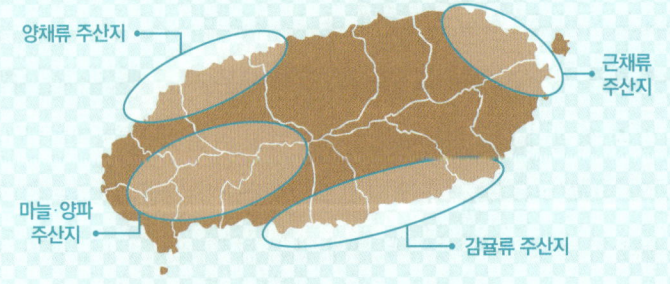

양채류 주산지

근채류 주산지

마늘·양파 주산지

감귤류 주산지

나는 제주에서 자연과 더불어 살며 내가 먹고 살 만큼의 텃밭 농사 정도를 지을 수 있으면 충분했다. 그래서 거주 지역을 정하는 것에 크게 까다롭지 않았다. 혹시 운이 좋아 공항이 조금 가깝다면 더할 나위 없이 좋은 조건이라고 생각했다. 그러나 목적한 바에 맞는 땅을 찾았다고 해서 무조건 구입할 수 있는 것은 아니다. 문제는 예산이다. 예산에 맞지 않으면 다시 땅 찾기가 시작된다. 땅을 사는 일은 생각보다 더 고생스럽다. 운이 좋으면 몇 달만에 땅을 구할 수 있지만, 그렇지 않은 경우에는 몇 년이 걸리기도 한다. 그렇게 제주의 이곳저곳을 돌아다니다 보면 어느덧 시세를 파악하고 얼핏 부동산 중계인 흉내를 낼 수 있을 정도로 지식이 쌓인다.

서울에서는 집이나 땅을 구할 때 부동산을 찾는 것이 일반적이지만, 제주도에서는 반드시 그렇지는 않다. 제주도에는 '신구간'이라는 이사철이 있다. 제주도의 전통적인 풍습의 하나로 대한 이후 5일째부터 입춘 3일 전까지 약 일주일 동안 이사를 하는 풍습이다. 이 시기에 신들이 임무 교대를 하기 위해 하늘로 올라간다고 전해진다. 그래서 제주에서는 이 기간 동안 집을 고치거나 이사를 하는 풍습이 있다. 일 년 중 가장 한가하면서 적절한 기온을 유지하는 시기이기 때문에 이사를 하게 되었다는 이야기도 있다. 이 기간 동안 대대적인 이사 풍경이 벌어진다. 그렇다 보니 부동산 이외에 『제주오일장신문』이나 『제주교차로』 같은 생활 정보지나 전봇대에 붙은 전단지에도 상당한 매물이 올라온다.

제주도에는 월세보다 '년세'가 더 흔한데, 월세와 비슷한 개념이지만 한 달이 아니라 일 년 치의 방값을 지불하는 것을 말한다. 혹시 제주에 정착하고 싶지만 보다 신중하게 선택하고 싶다면 '년세'로 방을 얻어 제주에 잠시 거주해 보면서 정착이 가능한지 알아보는 것도 좋은 방법이다.

제주 동쪽(성산일출봉 하산길)

제주 서쪽(애월 바다)

제주 중앙(한라산)

제주 남쪽(서귀포 해안)　　　　　　　제주 북쪽(제주 시내 공항)

애월에 터를 잡다

나는 제주 이주를 마음먹고 다양한 방법으로 땅을 알아보는 동시에 지인들에게도 제주에 쓸 만한 땅이 있으면 연락을 달라고 부탁했다. 땅을 알아보는 데만 1년 가까운 시간이 걸렸다. 부동산으로부터 조건이 맞는 땅을 몇 곳 추천받았지만 가격이 맞지 않거나 거주하기에 적합하지 않아 구입까지 이어지지 못했다.

2013년 4월의 어느 날 제주에 살고 있는 제자로부터 적당한 땅이 있다는 소식을 들었다. 올레길이 시작되는 시흥초등학교 근교에 위치한 땅으로 성산일출봉과 우도가 한눈에 내려다보이는 곳이었다. 약 1,500㎡(450평)의 땅을 4,500만 원에 거래하자는 제안을 받았다. 평당 10만 원 정도인 셈이다. 전망이 너무 마음에 들어 계약을 하기로 결정하고 가는 길에 애월에 있는 땅을 하나 더 보게 되었다. 운명의 장난이었는지 결과적으로 애월의 땅을 구입하게 됐다. 가격은 조금 더 비쌌지만 공항에서 15분 거리에 있어 위치가 좋았다.

내가 자리를 잡은 땅은 공항에서 12㎞가량 떨어진 애월읍 하귀마을 끝자락에 위치했다. 면적은 약 1,400㎡이며, 집 옆으로 수산저수지에서 내려오는 개울(제주어로는 내창)을 끼고 있다. 건축물

제주에 구입한 땅의 건축 전 풍경

도 없고 농사도 짓지 않고 있던 나대지였다. 마을과 약간 떨어져 있어 사람들의 통행이 잦지는 않지만 서부 일주로와 애조로가 교차하는 지점에 있어 교통과 입지 조건은 꽤 좋았다. 1㎞ 정도 거리에 애월 앞바다가 펼쳐져 있고, 바다를 등지면 한라산이 보이는 곳으로 경관도 썩 훌륭했다.

TIP 제주도청 www.jeju.go.kr

제주도청 홈페이지에서는 제주 정착 정보를 제공한다. 각종 지원 사업과 정착 제도 등을 확인할 수 있다. 그밖에 날씨, 버스 노선, 심야 약국 및 응급 의료 기관의 정보까지 다양한 실생활 정보를 제공한다.

제주도청에서 확인할 수 있는 정착 지원 사업의 내용은 다음과 같다.

농어업 창업 및 주택 구입 지원 사업	농업이나 농식품 사업을 위해 농촌으로 이주한 사람을 위해 창업 및 주택 구입 자금을 지원
농산업 인턴제	농업에 관심 있는 이들이 실제 영농 체험을 할 수 있도록 돕고 일정 금액의 임금도 지급
귀농귀촌인 현장 실습 지원 사업	영농 기술 및 관리, 경영, 마케팅 등에 필요한 체험 교육을 제공하며 교육훈련비 지급

TIP 제주 사이버 건축행정 archi.jeju.go.kr

제주도청에서 운영하는 사이버 건축행정 사이트를 이용하면 토지 사용에 어떠한 제한이 걸려 있는지, 건축이 가능한 곳인지 여부를 확인할 수 있다. 또한, 건축 관계 법령과 행정 자료들을 확인할 수 있으며, 주택 정보를 통해 분양 정보와 아파트 관리 등에 관해서도 알 수 있다. 민원 서비스를 이용하면 건축 허가 및 심의 절차 등에 관해서도 확인 및 문의가 가능하기 때문에 제주에서 거주를 희망하거나 집을 지을 생각이 있다면 반드시 알아 두어야 할 사이트이기도 하다.

나처럼 직접 땅을 구입하고 집을 짓는 일이 부담스럽다면 빈집을 찾아보는 것도 하나의 방법이다. 제주뿐만이 아니라 여러 농어촌 지역에는 아직 사람이 살지 않은 채 방치되고 있는 빈집이 있다. 그중 구매나 입주가 가능한 곳을 선택해 이주한다면 집을 새로 짓는 것보다 초기 비용을 많이 줄일 수 있다.

준비 과정은 점검하고 또 점검해야 한다. 그래야 실패를 줄일 수 있다. 행복한 삶을 위해서 귀촌을 결심했는데 준비 과정에서 일을 그르치게 되면 이주 자체를 후회하게 될 수도 있다.

TIP 농어촌 빈집 찾기

귀농귀촌종합센터 홈페이지에는 다양한 정보와 더불어 '빈집 찾기'라는 메뉴가 있다. 각 지방자체단체에서 운용하고 있는 서비스로 지역을 선택하면 매매, 전세, 월

세 등으로 빈집에 대한 정보와 거래 희망 가격 등이 명시된다. 현재 아무도 살고 있지 않아 구입 및 거주를 희망한다면 얼마든지 거래가 가능한 집들이 검색된다. 부지런하게 발품을 팔아 직접 폐가나 빈집을 찾아볼 수도 있지만, 계획 없이 내려가서 시간만 낭비하고 힘만 빠지는 것을 방지하기 위해 '빈집 찾기'를 이용해 보는 것도 한 방법이다.

어떤 집을 지을까

집을 짓는다는 것은 지어진 집을 골라서 사는 것과는 전혀 다르다. 누구라도 제주에 내려온다면 마음에 드는 전원주택을 짓고 사는 것을 꿈꿀 것이다. 집을 짓는 방법으로는 땅을 구해서 신축으로 짓는 경우도 있겠지만 기존의 집을 구입해 리모델링을 하는 경우도 있다. 리모델링을 하면 좀 더 편하게 일을 진행시킬 수 있지만, 나는 직접 집을 지을 생각을 했다. 그러나 막상 땅을 사고 집을 지을 생각을 하니 아는 것이 너무 없었다.

많은 곳을 돌아다니며 예쁘고 멋진 집들을 보고 나름대로 살고 싶은 집을 머릿속으로 그려 봤지만 막상 지으려고 하니 어떤 집을 어떻게 지어야 하는지 모든 게 숙제였다. 무작정 제주도청 건축과에 찾아가 집을 지으려면 어떻게 해야 하느냐고 물었을 때 돌아온 대답은 건

축사무소를 찾아가라는 말이었다. 시청에서 소개받은 건축사무소를 몇 군데 찾아가 보았지만, 30평짜리 전원주택에 관심을 보이는 데는 많지 않았다. 눈에 띄는 대로 다른 설계사무소에서도 상담을 해 보고, 실제 집을 짓고 있는 공사 현장에도 가 봤지만 결국 집 짓는 과정에 대한 강의만 몇 번 들은 셈이었다. 그렇게 익힌 지식을 토대로 다시 고민이 시작됐다.

집을 짓기 위한 시도가 본격적인 시동을 건 것은 2014년 봄이었다. 땅을 추천해 주기도 했던 제주의 제자가 설계사를 소개해 주었다. 당시 나는 집을 건축사가 직접 짓는 것인지, 시공 업체에서 짓는 것인지도 정확히 모르는 무대책의 도시 촌놈이었다. 주말을 이용해 제주에 내려가 소개해 준 설계사가 제안한 집을 살펴봤다. 전문가가 작업한

것인 만큼 집들은 모두 멋지고 마음에 들었다. 하지만 설계사의 제안대로 건축을 하기엔 예산이 턱없이 부족했다. 설계사가 제시한 집들은 물론 아름다웠지만 생활 터전처럼 보이지는 않았다. 마치 하나의 예술 작품 같은 건축은 꿈꾸던 귀촌과는 거리가 멀었다.

집을 짓고자 하는 의지와 목표가 뚜렷해도 '돈'이라는 현실적인 문제가 발목을 잡는다. 예쁜 집을 짓고 싶지만, 예산을 초과하면서까

지 예술 작품 같은 집을 원하는 것은 아니다. 한정된 예산으로 내 꿈에 가까운 집을 짓기 위해서는 적당한 타협을 해야 한다. 그러려면 가지고 있는 예산을 잘 파악하고 있어야 한다. 무작정 집 짓기를 시작해 놓고 나서 돈이 부족해 공사를 중단하거나 추가적인 대출을 받아야 한다면 귀촌 생활에 많은 부담을 지게 된다.

제주에 땅을 구입하고 나서 대략적으로 떠올린 계획은 1억 정도의 예산으로 30평대의 집을 짓겠다는 것이었다. 도시 생활을 정리하고 노후 자금 등의 여유를 뺀 후 땅값을 지불하고 남은 돈을 제주 정착금으로 운용했을 때 집 짓기에 사용 가능한 금액이 그 정도였다. 설계사와의 상담을 통해 현실적인 벽에 부딪힌 나는 인터넷에서 국내외의 저가 주택 건설 사례를 열심히 찾아봤다. 무작정 크고 멋진 집을 고집하기보다는 현실적이고 실용적인 집을 짓고 싶었다.

인터넷을 서치하면서 본 다양한 집들 중 단연 눈에 띄는 것은 컨테이너 하우스였다. 화물 운송용 컨테이너를 활용하여 카페, 집, 사무실 등의 용도로 변화시킨 것이 바로 컨테이너 하우스다. 컨테이너 하우스는 비용 면에서 특히 매력적이었다. 게다가 컨테이너를 활용한 건축은 기본 골격이 이미 완성되어 있어 시공 기간도 짧아 공사 시간을 단축할 수 있다. 다양한 상상력을 동원하면 그 어떤 집보다도 매력적인 공간을 연출할 수 있다는 점도 흥미로웠다. 들뜬 마음으로 컨테이너 하우스의 장단점을 공부했다.

　하지만 결국 포기하게 된 이유는 단열과 방음 등 컨테이너가 가지고 있는 한계 때문이었다. 컨테이너 하우스는 기본적으로 여름엔 열기를 흡수해 덥고 겨울엔 단열이 되지 않아 춥다. 냉난방 비용이 상대적으로 많이 들 수밖에 없고 결로 현상이 발생하면 곰팡이가 생기거나 녹이 슬 수도 있다. 이 부분을 보완할 수 있는 시공을 하면 되지만, 잘못된 시공으로 골치 썩는 일이 생길 수도 있는 만큼 확신이 서지 않는다면 실험적인 시도는 하지 않는 것이 옳다고 판단했다.

　건축에 대한 지식과 정보가 거의 없는 상황에서 일을 추진하다 보니 설계사에게 상담을 받고 인터넷을 검색해 봐도 큰 성과가 없었다. 나는 일단 어떤 형태의 집을 짓고 싶은지 생각했다. 그렇게 고민을 거듭하다가 2014년 여름방학 기간을 이용해 한 달 정도의 시간을 확보한 후 다시 제주로 내려갔다.

　머릿속으로 생각하고 있던 집의 모습을 간단하게 스케치를 해서 지인이 소개해 준 다른 건축설계소를 찾았다. 건축 분야에 대한 지식이 부족하다면 구체적인 설계는 전문가의 도움을 받아야 한다. 설계 능력뿐만 아니라 건축에 관한 법률적 지식 또한 필요하기 때문이다. 그러나 확실한 주관 없이 설계사를 찾는다면 그들이 제시한 작품 같은 집을 구경하고 돌아서거나 예산에 맞지 않는 부담스러운 집을 지어야 한다. 따라서 확실한 평수와 대략적인 모양, 최대한 운용 가능한 예산을 정확하게 제시했다. 이번에 만난 건축사와는 다행히 말이 잘 통해 수차례의 회의를 거쳐 기본 설계를 완성하고 도면을 받았다.

모든 건축물은 짓기 전에 신고와 허가를 취득해야 한다. 이때 바닥 면적이 100㎡(약 30평) 이하인 소형 건축물은 건축 신고 후 바로 건설에 착공할 수 있다. 반면 100㎡가 넘는 건축물의 경우는 건축 신고 후 감사를 받은 다음 착공에 들어가야 한다. 30평 미만의 집은 비교적 간단하게 지을 수 있지만, 30평이 넘어가면 건축 허가와 감리 등 복잡한 절차가 늘어난다는 말이다. 그래서 나는 30평에 맞추어 설계를 했다. 설계비를 비롯해 건축 허가 및 행정 관련 업무 비용을 모두 합쳐 200만 원이 들었다. 이 경우는 내가 운이 썩 좋았다. 비용뿐만 아니라 수많은 설계 변경 요청 사항이 있었음에도 불구하고 불평 없이 일을 처리해 주고 준공을 위한 행정 처리까지 깔끔하게 마무리해 준 좋은 건축사를 만났기 때문이다.

제주도는 지리적인 특성 때문인지 일반적으로 육지보다 건축비가 더 많이 든다. 건축 자재 대부분을 육지에서 실어 와야 하기 때문에 적게는 1.5배에서 많게는 2배 정도 비용이 더 든다. 예를 들어, 만약 육지에서 평당 300만 원에 지을 수 있는 전원주택이 있다면 제주에서는 500만 원 정도의 예산이 필요하다. 게다가 최근에는 제주에 새롭게 건축되는 건물이 많아서 노동력을 구하는 것도 쉽지 않다. 이런 점을 고려하여 시간과 예산에 여유를 두고 계획을 세워야 한다. 건축

비만큼 중요한 것은 난방비와 전기료 등 에너지 절감 요인을 고려해서 집을 짓는 것이다.

한편, 어떤 구조와 소재로 건축을 할 것인지 선택하는 것은 집의 수명과 보수, 비용적인 측면에서 많은 차이가 난다. 건축에 대해 아무것도 모를 때는 벽돌이나 콘크리트 집만을 생각했다. 그러나 콘크리트 주택을 비롯해 조립식주택, 목조 주택, ALC(경량 기포콘크리트) 주택, 한옥 등 다양한 형태의 집이 존재한다. 시공 방법에도 대형 하우징 업체를 통해 시공 업자에게 위탁하여 시공하는 방법이 있는 반면, 건축주가 직접 건축 소장이 되어 책임을 지고 인력과 자재를 조달해 시공하는 직영공사 방법과 직접 시공하는 방법 등이 있다. 따라서 짓고자 하는 집의 특성과 각각의 장단점을 잘 조합해 가장 합리적인 선택을 하는 것이 좋다.

건축 형태별 장단점

건축 형태	장점	단점
콘크리트 주택	· 집의 수명이 길다. · 단열 효과가 뛰어나 냉난방비가 절감된다. · 튼튼하고 화재에 강하다 · 안정감이 높고 내구성이 강하다.	· 건축비가 많이 든다. · 시공 시간이 오래 걸린다.
조립식 주택	· 대량생산이 가능한 경량 자재를 사용해 경쟁력이 있다. · 같은 예산으로 더 큰 평수의 건축이 가능하다. · 시공 속도가 빠르다.	· 화재에 약하다. · 시공을 치밀하게 하지 않으면 냉난방에 취약하다.
목조 주택	· 빠른 시공이 가능해 인건비를 줄일 수 있다. · 공간 활용도가 높고 같은 평수라도 넓어 보인다.	· 화재에 약하다. · 테라스를 만들 경우 누수의 위험이 있다.
ALC 주택	· 일반 콘크리트보다 가벼워 구조 비용을 절감할 수 있다. · 내진 설계 및 고층 건물에 유리하다. · 단열 성능이 높아 에너지 절감 효과가 크다. · 화재 시에도 유독가스가 발생하지 않으며, 환경 친화적이다. · 목재용 공구로 쉽게 자를 수 있을 만큼 가공성이 뛰어나다.	· 습기에 취약하다. · 인장 강도가 약하다. · 상대적으로 구조 비용이 저렴한 편이지만, 결로 현상 및 곰팡이 방지를 위한 해결책을 적용하다 보면 공사 비용이 상승할 수 있다.
한옥	· 천연 재료 사용으로 공해가 없고 터전을 훼손시키지 않는다. · 자연 친화적이면서 공기가 순환되는 과학적 구조다. · 목재로 짜 맞추어 재활용 및 재건축이 용이하다.	· 건물 내 시설이 따로 떨어져 있어 생활하기 불편하다. · 외풍이 세다. · 재료비가 비싸다.

시공 방법별 장단점

시공 방법	장점	단점
위탁 시공 (계약 공사)	· 건축주가 많은 신경을 쓰지 않아도 된다. · 문제 발생 시 일정 기간 동안 시공사에서 결함을 처리해 준다.	· 공사비가 직영공사나 직접 시공에 비해 높은 편이다. · 시공사에 따라 선호하는 자재와 공법이 있기 때문에 건축주가 생각했던 바를 수정해야 할 수 있다.
직영 공사	· 공사비가 상대적으로 저렴하다. · 공정과 자재 선택에 제한이 적다. · 건축주가 원하는 콘셉트와 공정들을 실현할 수 있다.	· 모든 책임이 건축주에게 있다. · 설계뿐만 아니라 현장 관리, 자재 계약, 인력 수급 등 진행에 관한 모든 부분을 잘 알고 있어야 한다.
직접 시공	모든 것을 원하는 대로 할 수 있다.	직영공사의 모든 단점이 더 부각되어 나타난다.

집을
짓다

집은 대체 무엇일까. 집은 일상의 터전이기도 하고, 부동산으로서 가치를 지니고 있기도 하다. 내가 지을 집은 재산으로서의 가치보다는 생활 터전으로서 더 중요한 가치를 가지고 있다. 살고 싶은 집을 스스로 짓는다는 것은 남은 인생을 어떻게 살 것인가를 설계하는 일과도 같다. 나의 생각과 철학이 그 집에 담기기 때문이다. 집은 우리가 일상을 보내는 공간이다. 가장 안정을 느끼는 곳인 동시에 가장 많은 추억과 생각이 깨어나는 곳이기도 하다. 제주도에 정착하기로 마음먹기 전까지 나는 항상 어디론가 떠나고 싶었다. 그건 지금껏 내가 완벽한 안정을 줄 수 있는 집다운 집에서 살아보지 못했기 때문은 아닐까. 그렇게 나는 '내가 살고 싶은 집은 내가 가장 잘 알고 있다'는 생각으로 건축에 대한 전문 지식하나 없이 집 짓기에 도전했다.

맨땅에 집 짓기

설계도면을 손에 쥐고 나니 자신감이 상승했다. 이제 결정해야 할 것은 땅의 어느 위치에 집을 지을까 였다. 일단 토지는 전체를 대지로 변경하는 대신 일부인 500㎡(약 150평)만 대지 전환을 하기로 했다. 나머지는 밭으로 활용하다가 나중에 다른 용도가 생기면 그때 변경하기로 했다.

「국토의 계획 및 이용에 관한 법률」에 따라 토지마다 용도가 구분되어 있다. 도시지역, 관리지역, 농림지역, 자연환경 지역 등으로 구분되는데, 내가 가진 땅은 계획·보전 관리지역이었다. 전원주택을 지을 만한 곳은 대부분 관리지역으로 지정되는 경우가 많다. 이 용도지역에 따라서 지을 수 있는 건축물의 종류, 건폐율, 용적률, 높이 등에 제한이 있기 때문에 집을 짓기 전에 반드시 알아 두어야 한다.

관리지역 (「국토의 계획 및 이용에 관한 법률」 제36조 1항에 의하여 아래처럼 구분)

보전 관리지역	계획 관리지역	생산 관리지역
자연환경 보호, 산림 보호, 수질 오염 방지, 녹지 공간 확보 및 생태계 보전 등을 위하여 보전이 필요하나, 주변의 용도지역과의 관계 등을 고려할 때 자연환경보전지역으로 지정하여 관리하기가 곤란한 지역	도시지역으로의 편입이 예상되는 지역 또는 자연환경을 고려하여 제한적인 이용·개발을 하려는 지역으로서 계획적·체계적인 관리가 필요한 지역	농업·임업·어업 생산 등을 위하여 관리가 필요하나, 주변의 용도지역과의 관계 등을 고려할 때 농림지역으로 지정하여 관리하기가 곤란한 지역

또한, 제주에는 문화재 관리지역으로 지정된 곳이 많다. 내가 구입한 땅 역시 문화재 관리지역의 토지였기 때문에 별도로 문화재 관리

심의를 받아야 했다. 문화재 관리 심의를 받기 위해서는 건축 신청을 할 때 문화재 심의 비용을 추가적으로 내야 한다.

건축사는 바다를 바라볼 수 있는 조망권을 확보하고 땅의 활용을 극대화하기 위해 해안과 가까운 쪽으로 건물을 지으라고 했다. 하지만 고민 끝에 나는 통행과 추후의 토지 활용 등을 고려해 도로변에 가까운 쪽에 집을 짓기로 결정했다. 결심이 선 후 본격적으로 집을 짓기 위한 작업에 돌입했다. 먼저 측량을 하고, 설계도면을 계속해서 수정했다.

건물 배치도

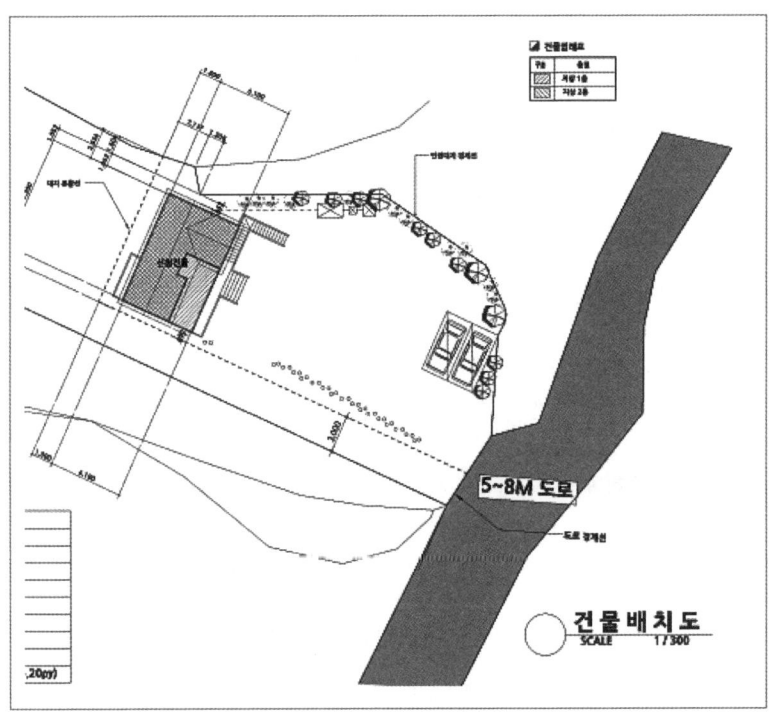

step 1 ▶▶ 측량

　토지를 대지로 변경하기 위해 먼저 측량을 했다. 집은 대지에만 지을 수 있는데, 내가 구입한 땅은 지목이 전(田)이었다. 따라서 전(田)의 일부를 대  (垈)로 변경해야 했다. 집을 지을 수 있는 용도로 토지를 변경하기 위해 토지분할측량을 진행한 것이다.

지목(용도에 따른 땅의 구분)

지목	부호	지목	부호
전	전(田)	철도 용지	철(鐵)
답	답(畓)	제방	제(堤)
과수원	과(果)	하천	천(川)
목장 용지	목(牧)	구거	구(溝)
임야	임(林)	유지	유(溜)
광천지	광(鑛)	양어장	양(養)
염전	염(鹽)	수도 용지	수(水)
대	대(垈)	공원	공(公)
공장 용지	장(場)	체육 용지	체(體)
학교 용지	학(學)	유원지	원(園)
주차장	차(車)	종교 용지	종(宗)
주유소 용지	주(注)	사적지	사(史)
창고 용지	창(倉)	묘지	묘(墓)
도로	도(道)	잡종지	잡(雜)

측량을 위해 도청 관련 부서에 측량 신청을 했다. 비용을 납부하면 측량 날짜를 정해서 기사들이 현장에 방문한다. 측량 비용은 땅의 면적과 공시지가에 따라 다르게 책정된다. 한국국토정보공사(www.lx.or.kr) 홈페이지를 방문하면 지적측량수수료를 미리 계산해 볼 수 있다.

측량이 이루어지면 기존에 하나였던 지번이 두 개로 나뉜다. 기존에 1000번지였던 지번이 1000-1(대), 1000-2(전)와 같은 형태로 나뉘는 것이다.

측량 후에는 빨간 말뚝을 박아서 측량된 경계라는 것을 표시한다. 그 말뚝을 기준으로 설계와 시공을 한다. 전을 대로 전환한 1000-1번지 150평에 대해서는 토지전환금을 추가로 납부해야 한다. 토지전환금은 농지전용비라고도 하며, 공시지가의 10%가 청구된다.

토지 전체를 대지로 전환하면 공시지가가 상승한다. 전 1㎡에 약 3만 원이라면, 대는 1㎡에 약 18만 원으로 상당히 비싼 편이다. 공시지가에 따라 토지세와 재산세가 부과되기 때문에 팔아서 차액을 남기기 위한 목적이 아니라면 전체 토지를 대지로 전환하는 일은 신중해야 한다.

설계도면 그리기

내가 구입한 땅은 대지 면적에 건폐율 20%, 용적률 80%로 건축이 가능했다. 이에 따라 처음에는 2층짜리 단독주택을 설계했다. 그러나 1층에 카페를 만들기로 결정을 바꾸면서 1층은 56㎡(약 17평)의 근린 생활시설, 2층은 43㎡(약 13평)의 단독주택으로 용도를 정해 설계를 변경했다. 최초 설계에서는 2층으로 올라가는 계단이 실내에 있었지만, 실내 공간이 협소해지는 문제를 해결하기 위해 설계를 변경하면서 계단을 실외로 이동했다. 또한, 다락 공간을 여유 있게 활용할 수 있도록 고쳤다.

건폐율	용적률
대지 면적에 대한 건물 바닥 면적의 비율을 말한다. 전체 땅 위에 최대 어느 정도 넓이로 집을 지을 수 있는지를 %로 나타낸다. 건폐율 20%라는 것은 전체 면적 100% 중 최대 20% 가량의 넓이에 집을 지을 수 있다는 것을 뜻한다.	대지 면적에 대한 건물 연면적의 비율을 말한다. 연면적은 건물 각 층의 바닥 면적을 합한 전체 면적이다. 용적률 80%라는 것은 건축물의 각 층을 대지에 모두 펼쳐 놓았을 때 전체 면적 100% 중 최대 80%에 달하는 크기의 집을 지을 수 있다는 것을 뜻한다. 예를 들어, 건폐율 20%를 모두 활용해 집을 지을 경우 4층 정도의 건물을 지을 때 80%의 용적률을 다 활용할 수 있다.

설계 변경은 물론이고, 허가 사항
및 정화조 용량 변경 등 많은 변화
가 일어났다. 그러나 다행히 좋은
건축사와 시공 업체를 만난 덕에
무난하게 해결할 수 있었다.

1층 평면도

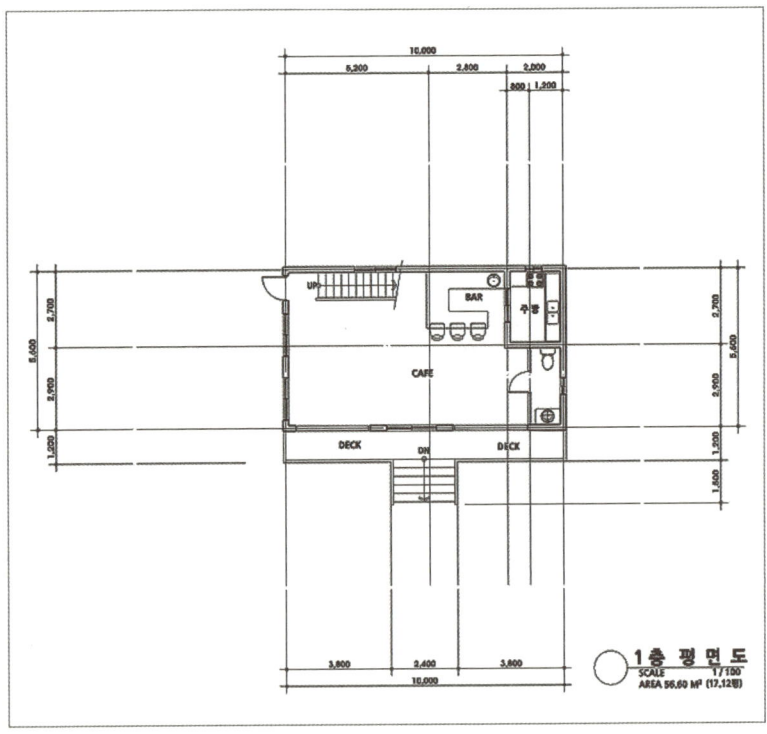

2층 평면도

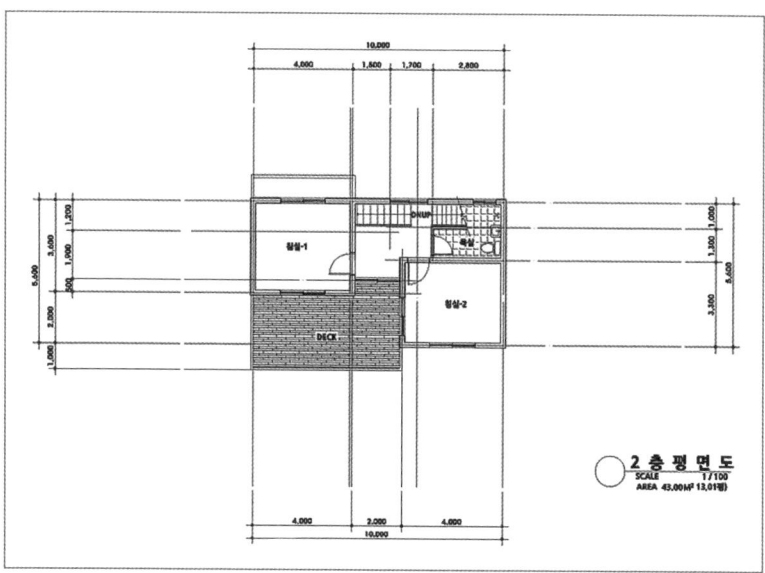

다락 평면도

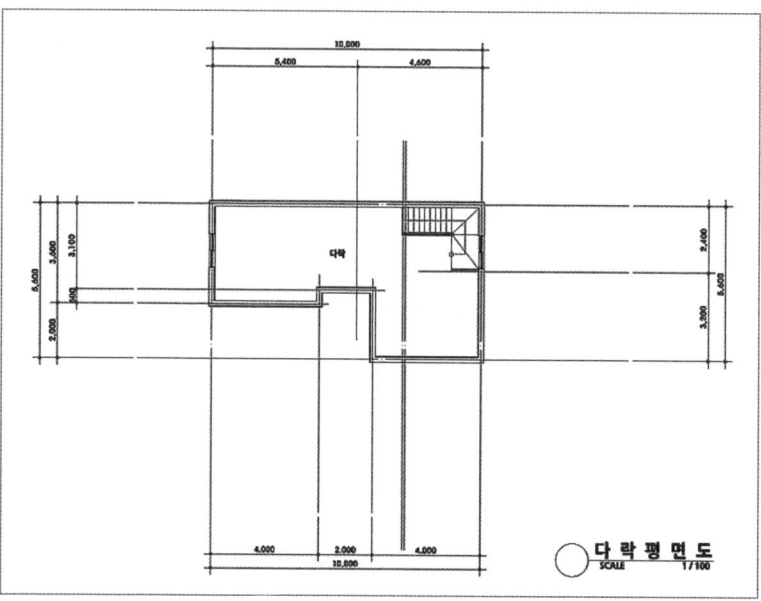

정면도   좌측면도

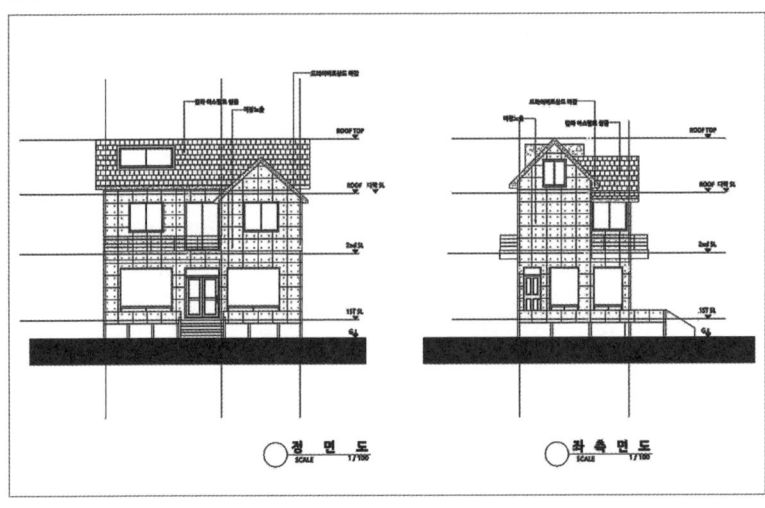

배면도   우측면도

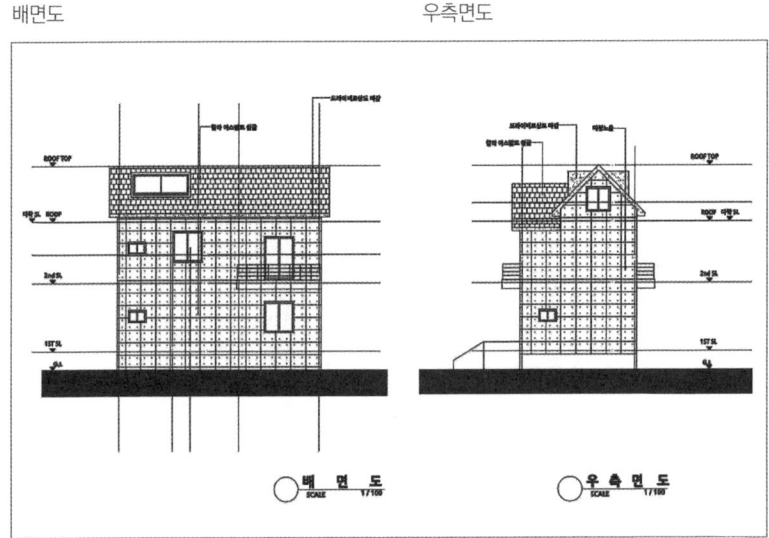

►► 예산 계획(견적서 받기)

땅과 설계도가 준비됐다면 이제 본격적으로 땅을 파고 건물을 세우기 위한 준비에 돌입해야 한다. 나는 먼저 어느 정도의 예산이 필요한지 계획을 짰다.

건물의 기본 틀만 시공 업체에 맡기고 나머지 부분은 손수 시공하여 집을 짓기로 했다. 이에 따라 외부 콘크리트 작업, 창호, 지붕 등 전문 시공사에 맡길 부분의 예산을 먼저 편성했다. 나머지 내장, 인테리어, 조경 등 직접 시공할 부분은 총 예산에서 전문 시공사에 시공을 맡기고 남은 금액 안에서 해결하는 것으로 계획을 세웠다. 구체적인 예산 계획을 세우고 난 후 임의로 선택한 시공사에 견적을 의뢰해 보았다. 외장 공사를 하는 데 대략 어느 정도의 금액이 드는지 파악한 후 본격적으로 시공 업체를 알아보기 위해서였다. 예산이 초과되는 부분이 발생하게 되면 우선 처리해야 할 것의 우선순위를 정했다. 나머지는 수작업으로 감당하거나 살면서 추가적으로 작업하는 것으로 정했다.

인터넷으로 검색도 해 보고 설계사로부터 소개를 받기도 하면서 몇 군데 시공 업체를 추렸다. 그리고 최종 후보에 든 시공 업체들에 각각 견적서를 의뢰했다. 견적서의 양식과 내용은 업체별로 천차만별이었다. 어떤 업체는 전체 시공 가격을 통틀어서 얼마라는 한 장짜리 짤막한 견적서를 보내오는가 하면, 어떤 업체는 구체적인 항목을 세세하게 나열하고 그걸 합해서 책으로 한 권가량 되는 두꺼운 견적서를 보내왔다.

예산 총괄표

공사명	가칭 하귀리
주소	제주시 애월읍 하귀2리
대지 면적	500㎡(150평)
건축 연면적	99㎡(30평)
총 공사 금액(실행)	71,045,000원(평당 2,368,167원)

내용	견적 금액	실행 금액	차액	평당금액 (실행)	비고
1. 설계비	3,000,000			100,000	
2. 농지 전용비	5,445,000			181,500	500㎡
3. 문화재 심의	800,000			26,667	
4. 상수도 신설	300,000			10,000	
5. 경계측량 및 분할측량	1,000,000			33,333	
6. 정화조	3,000,000			100,000	20인용
7. 터 파기 및 되메우기	2,500,000			83,333	
8. 철근 콘크리트 공사	40,000,000			1,333,333	
9. 전기 공사	5,000,000			166,667	
10. 설비 공사	10,000,000			333,333	
[소계]	71,045,000			2,368,167	

외장 공사에 어느 정도의 금액이 드는지 임의로 받아 본 견적으로 예산 계획을 세웠다.

견적을 받을 때는 상세 부분까지 작성된 견적서를 받아야 한다. 그렇지 않은 경우 나중에 분쟁이 일어날 소지가 많다. 실제 시공이 진행되면 사용하는 자재와 수량이 달라지거나 변경이 발생해 최초의 견적에서 많은 차이가 발생할 수 있다. 분쟁이 생기면 집을 짓던 중에 공사가 중단되거나 심한 경우 법적 대응까지 벌어진다. 반면, 상세하게 작성된 견적서의 경우 시공을 마친 후 제대로 완료된 것인지 확인하는 것도 쉽고, 추가 비용 또한 명확하게 정산할 수 있다. 또한 견적서를 받을 때는 하자 보수 기간과 범위도 꼼꼼하게 챙겨야 한다.

견 적 서

아래와 같이 견적 합니다

금액 일금칠천팔백십팔만원정 (₩78,180,000) VAT별도

적 요	규격	단위	수량	재료비		노무비		경비		합계	
				단가	금액	단가	금액	단가	금액	단가	금액
1. 목 수		평	40	650,000	26,000,000		-			650,000	26,000,000
2. 철 근		톤	40	200,000	8,000,000		-			200,000	8,000,000
3. 설비 + 잡비		평	40	150,000	6,000,000		-			150,000	6,000,000
4. 전기,통신,소방 + 잡비		평	40	150,000	6,000,000		-			150,000	6,000,000
5. 정화조		인조		2,000,000	2,000,000		-			2,000,000	2,000,000
6. 비 계		㎡	240	8,000	1,920,000		-			8,000	1,920,000
7. 철 근		톤	15	820,000	12,300,000		-			820,000	12,300,000
8. 레미콘		㎡	190	84,000	15,960,000		-		-	84,000	15,960,000
							-		-	-	-
합계					4,002,000		-		-	4,002,000	78,180,000

※ 별도제외사항
 싱글 창 호   ₩7,000,000 ~ ₩8,000,000
 싱글(40평기준) ₩1,800,000
 단 열 재 (1층) ₩4,500,000
 드라이비트(240㎡) ₩6,720,000

한 업체에서 보내온 한 장짜리 견적서

당연하게도 세세하고 두꺼운 견적서를 보내온 시공 업체를 선정했다. 30평 미만의 건축 공사는 신고만 하면 바로 시공에 들어갈 수 있어 별도로 감리를 받지 않는다. 그렇기 때문에 철근이 제대로 들어갔는지, 전기 배선은 잘 시공되었는지, 정화조 용량은 규정에 맞는지 건축주가 직접 확인을 해야 한다. 자세한 견적서를 받으면 공사를 진행하면서 제대로 일이 진행되고 있는지 확인하는 데도 큰 도움이 된다.

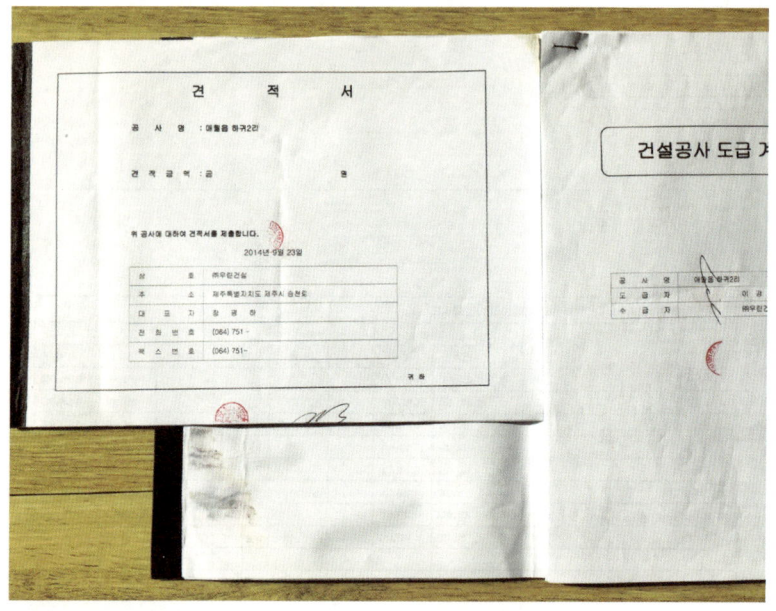

선택한 업체에서 보내온 두꺼운 견적서

상하수도 및 전기 인입

건축에 있어 상하수도와 전기는 매우 중요한 부분이다. 특히 나의 경우는 원래 집이 들어서 있던 터가 아닌 농지를 대지로 전용해서 집을 짓기 때문에 새롭게 설치를 해야 하는 상황이었다. 근처에 수도 및 오수·하수관, 전봇대 등이 있다면 설치는 순조롭게 진행될 수 있다. 그러나 기본적으로 제공되는 거리를 초과할 경우 비용을 부담해야 한다.

전기는 추가적인 작업 없이 인입이 가능했고, 정화조 역시 침투식으로 설치했다. 문제는 상수도였다. 기존 상수도관이 상당히 먼 거리에 있어 신규로 설치를 해야 했다. 그런데 상수도관이 지나와야 하는 땅이 소유주가 따로 있는 사설 도로였다. 사설 도로를 피해 설치를 하려면 너무 먼 거리를 우회해야 해서 공사가 거의 불가능했다. 상수도관이 지나가야 하는 사설 도로의 토지대장을 떼어 보니 땅 주인이 모두 여섯 명이었다.

여섯 명의 땅 주인을 일일이 찾아가 사용 동의서를 받았다. 그럼에도 불구하고 공사 비용이 400만 원 부가됐다. 다행히 인근에 집을 짓는 곳이 또 하나 있어서 공사 비용을 반씩 부담했다.

인터넷 연결은 전봇대 하나까지는 통신 회사에서 부담하지만 추가로 전봇대를 세워야 할 경우 비용을 부담해야 한다. 이 부분은 통신 회사와 협의해 전봇대 3개를 추가 부담 없이 설치하는 것으로 처리했다.

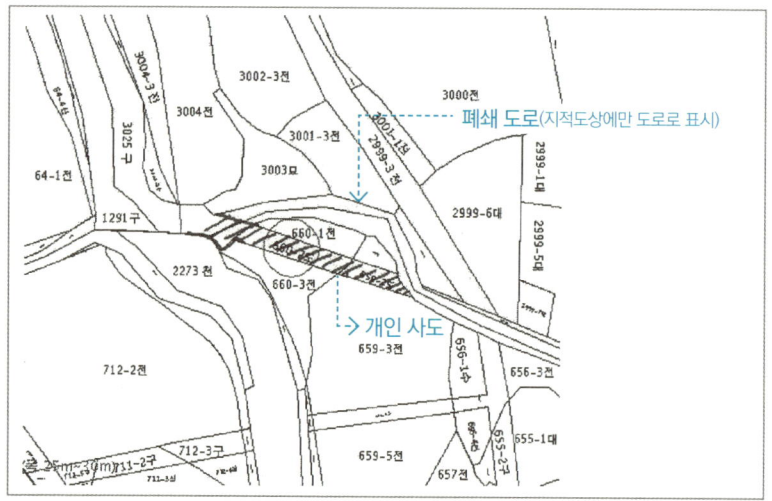

상수도관 설치를 위해 확인해 본 도로 중 하나는 지적도상에만 있는 폐쇄 도로였고, 다른 하나는 주인이 따로 있는 개인 소유의 도로(사도)였다.

TIP 농가 주택

전문 농업인이라면 농가 주택의 혜택을 받을 수 있다. 농가 주택은 저렴한 가격으로 구입이 가능하며 수도 및 전기 시설을 이미 갖추고 있어 생활 기반 시설 마련을 위한 노력을 줄일 수 있다. 또한, 양도소득세, 취득세, 재산세 등의 절감 혜택이 주어진다. 따라서 귀농을 하기 위해 준비하고 있다면 농가 주택에 대해 알아 보는 것도 한 방법이다.

기초 공사 시작

약 3개월간 설계와 인허가 등 행정 업무를 마치고 시공 업체를 선정했다. 그리고 2014년 10월 1일부터 본격적인 집 짓기가 시작됐다.

기초 작업과 철근 콘크리트 작업 등 기본 공사는 전문 업체에 의뢰했다. 땅을 파는 것과 콘크리트 작업 등은 직접 장비를 대여하고 노동력을 섭외하기보다 전문 업체에 의뢰하여 진행하는 것이 더 합리적이라는 판단이었다. 시공 업체가 기본 공사를 진행하는 동안에는 서울에서 제주도를 왔다 갔다 하면서 진행 상황을 살폈다. 콘크리트를 타설하고 나면 완전히 굳을 때까지 양생하는 시간이 필요하기 때문에 제주에 상주할 필요는 없었다. 연말까지 콘트리트 작업 및 외장 시공, 바닥 미장과 창호 작업을 완료하고 12월에 서울에서 짐을 옮기는 것이 계획이었다.

터 파기

2014년 10월 1일 집 지을 자리를 파기 시작했다.

step 2 >> **기초 터 콘크리트 작업**

2014년 10월 2일 터를 판 자리에 콘크리트를 부어 기초를 만들었다.

step 3 ▶▶ 외관 벽 먹줄 그리기

2014년 10월 4일 굳은 콘크리트 바닥 위에 벽의 위치를 그려 넣었다.

step 4 ▶▶ 외관 벽 기초 공사

2014년 10월 4일 정해진 위치에 외관 벽 기초를 세우고 콘크리트를 채웠다.

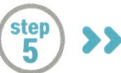

step 5 ›› 1층 배관 및 정화조 작업

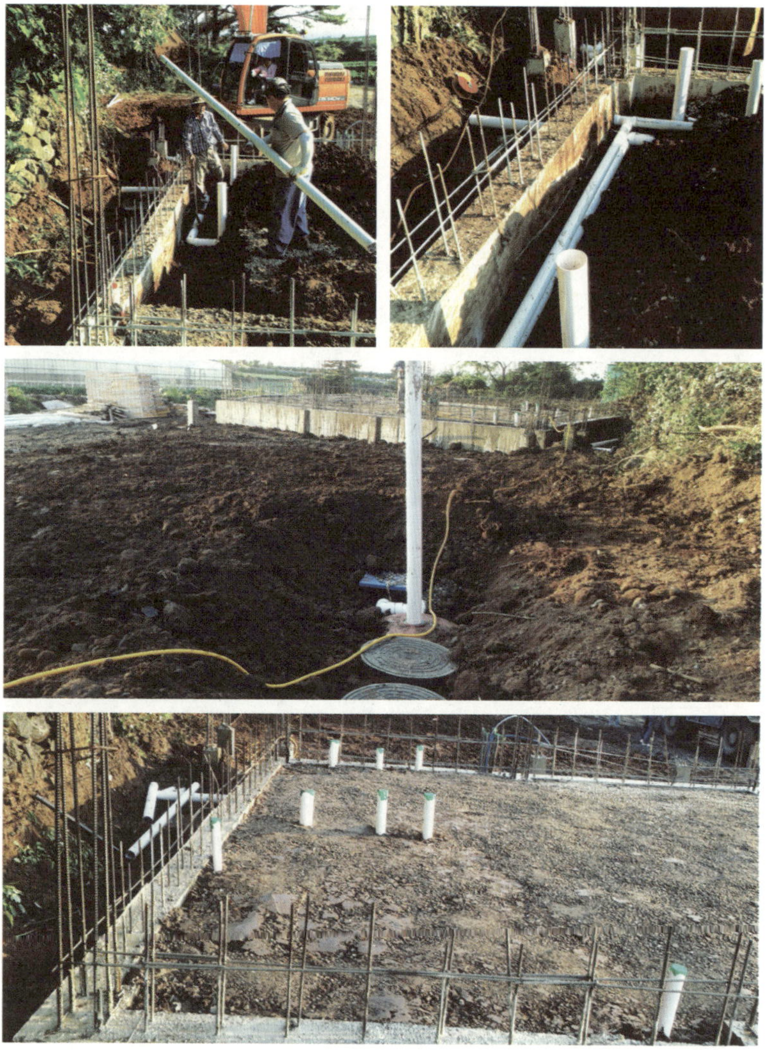

2014년 10월 8일 1층과 연결되는 배관 작업을 진행하고 정화조를 설치했다.

step 6 >> 1층 바닥 콘크리트 타설

2014년 10월 14일 1층 바닥이 될 부분에 콘크리트를 채워 넣었다.

step 7 >> 1층 내부 거푸집 작업

2014년 10월 20일 1층 내부 구조에 맞추어 틀을 설치했다.

step 8 >> **1층 내부 거푸집 단열 작업**

2014년 10월 26일 설치된 틀 위에 단열재를 붙였다.

 step 9 >> **1층 내부 거푸집 철근 작업**

2014년 10월 27일 1층 콘크리트 벽의 기초가 될 철근을 설치했다.

step 10 ▶▶ **1층 내부 거푸집 완성**

2014년 10월 29일 1층에 콘크리트 벽을 세우기 위한 틀이 완성됐다.

 step 11 ▶▶ **1층 내부 배관 및 전선 작업**

2014년 10월 30일 1층에 들어갈 전선 및 배관을 설치했다.

step 12 >> **임시 전기 가설**

2014년 11월 1일

공사용으로 사용할 임시
전기를 설치했다.

 step 13 >> **1층 콘크리트 타설**

2014년 11월 6일 완성된 1층의 외벽 틀 안으로 콘크리트를 쏟아 부었다.

 **2층 외부 거푸집 작업**

2014년 11월 16일 1층과 마찬가지로 2층에도 콘크리트 벽을 세우기 위한 틀을 설치했다.

 2층 콘크리트 타설

2014년 11월 21일 완성된 틀 안으로 콘크리트를 쏟아 부었다.

step 16 >> ## 지붕 콘크리트 타설

2014년 11월 27일 지붕에 세운 거푸집에도 콘크리트를 부었다.

 step 17 >> ## 거푸집 제거

2014년 12월 27일

거푸집을 제거하는
것으로 기초 공사를
마무리했다.

공사 중단과 컨테이너 생활

처음 계획을 세웠을 때는 11월 말까지 콘크리트 작업을 마치고 연말까지 창호 공사를 끝내기로 했다. 나는 그에 따라 12월 말에 서울의 집과 일을 다 정리하고 짐을 싸서 제주로 향했다. 이후부터는 제주에 거주하면서 나머지 작업을 손수 진행하려고 했다.

그러나 공사가 예정대로 진행되지 않아 계획에 큰 차질이 생겼다. 제주에 계속해서 비가 오는 등 날씨가 좋지 않아 공사가 늦어지고 있었다. 처음에 작업이 순조롭게 진행되는 것을 보고 나중에는 콘크리트 타설 같은 큰 공사가 있을 때만 제주도로 내려가다 보니 중간에 공사가 중단됐단 사실을 인지하지 못했다. 이런 상황을 모른 채 나는 이미 이삿짐센터를 통해 제주로 짐을 보냈다. 그리고 전원생활을 위해 새로 구입한 승용 트럭에 남은 자질구레한 짐을 싣고 목포에서 제주로 가는 배에 올랐다.

비가 쏟아지는 새벽녘, 5시간의 항해 끝에 제주에 본격 입성했다. 하지만 공사가 늦어지면서 갈 곳이 없어져 며칠간 찜질방과 현장을 오가는 생활을 했다. 시공 업체에 클레임을 걸어 봤자 날씨 때문이니 별다른 대책도 없었다. 사전에 철저하게 점검하지 못하고 내려온 내 탓이 컸다.

시공 업체에서 제공한 컨테이너 두 대 중 큰 컨테이너에 이삿짐을 넣어 두었다. 나머지 한 대는 내 임시 거처가 됐다. 화장실도 주방도 없는 컨테이너 안에 전기냄비 하나를 두고 라면을 주식 삼아 지냈다. 화장실은 차를 몰고 5분 거리에 있는 하귀 시내까지 나가야 했다. 그렇게 버티다가 일주일에 한 번 용두암 근처 해수 사우나에서 몸에 쌓인 공사장 먼지를 씻어 내고 피로를 풀었다. 그렇게 겨울 내내 혹독한 컨테이너 생활을 겪었다.

이삿짐센터로 보내고 남은 짐을 차에 싣고 목포에서 제주행 배에 올랐다.

함께 제주살이를 하기 위해 내려온 진돗개 황주와 보낸 컨테이너 생활은 현장에서 작업을 챙기는 것은 수월했지만 춥고 화장실이 없어 불편함을 감수해야 했다.

공사가 재개되다

해가 바뀌면서 늦어졌던 공사가 다시 활발해졌다. 제주 날씨는 서울보다 변화무쌍하기 때문에 날씨로 인한 공사 지연 또한 염두에 두어야 한다. 게다가 제주의 인부들은 육지의 인부들보다 느긋하다. 그래서 간혹 더 비싼 임금을 주고 육지의 인부들을 불러 공사를 하는 경우도 있다. 그러나 나는 어차피 느리게 살기로 결정하고 내려온 길이기 때문에 서두르지 말고 차근차근 일을 진행하기로 했다.

서서히 모습을 드러내기 시작한 제주의 보금자리. 앞으로는 한라산이 뒤로는 푸른 바다가 보인다.

step 1 ▶▶ 바닥 미장

2014년 12월 30일 1층 및 2층 실내 바닥에 시멘트를 발라 미장을 했다.

step 2 ▶▶ 수도 배관 공사

2015년 1월 8일 건물 내부로 연결되는 수도 배관을 설치했다.

하수 및 오수 배관 공사

2015년 1월 10일 천장에 하수와 오수를 내보내는 배관을 설치했다.

 전원 공사

2015년 1월 10일
벽 속으로 전기 배선을
설치했다.

step 5 ▶▶ 천장 작업

2015년 1월 11일 배관 및 전선 작업을 끝낸 천장을 깔끔하게 마무리했다.

step 6 ▶▶ 창호 공사

2015년 1월 12일 창틀과 창문을 설치했다.

step 7 >> **지붕 미장**

2015년 1월 13일

지붕에 시멘트를 발라
미장을 마무리했다.

 step 8 >> **계단 미장**

2015년 1월 17일 계단에 시멘트를 발라 모양을 매만졌다.

step 9 ▶▶ **2층 온수 및 난방 배관 설치**

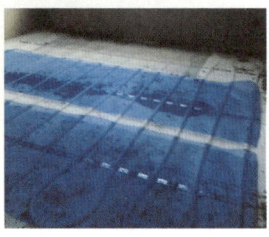

2015년 1월 18일 2층 바닥에 온수 및 난방 배관을 깔고 보일러를 설치했다.

 step 10 ▶▶ **외장 드라이비트 작업 시작**

2015년 1월 19일 외벽에 단열재를 시공하고 그 위에 시멘트가 잘 붙게 메쉬 그물망을 설치한 후 미장 작업을 실시했다.

step 11 >> **2층 및 다락방 바닥 미장**

2015년 1월 20일 레미콘을 이용해 2층과 다락방 바닥 미장 작업을 했다.

 step 12 >> **외장 드라이비트 작업 마무리**

2015년 1월 23일 건물 외벽에 돌이 섞인 시멘트 혼합물을 발라 외장 미장을 마무리했다.

방벽 그라인딩 작업 시작

2015년 1월 24일 거푸집을 뜯어낸 후 콘크리트 벽면이 거칠어 그라인딩 작업을 실시했다.

> 그라인딩 작업은 거푸집, 핀, 철사, 못을 제거하고 부드럽게 하는 작업을 말한다. 그라인딩을 하는 대신 석고보드로 마감을 하면 간단하지만, 가능하면 유해 물질 사용을 자제하려고 그라인딩 작업을 진행했다. 그라인딩을 한 콘크리트 벽은 단열 시트와 편백나무로 마감했다.

 지붕 기와 설치 시작

2015년 1월 27일 외관 공사 막바지 과정으로 지붕에 기와 올리는 작업을 시작했다.

> 지붕에 기와를 올리고 나면 준공까지 도배, 배관, 전기, 조명 등 몇 가지 내부 작업만이 남는다.

step 15 >> 난간 설치

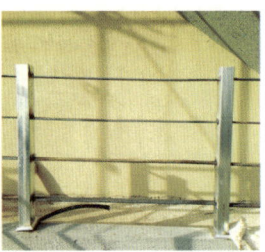

2015년 1월 27일 테라스 및 계단에 난간을 설치했다.

step 16 >> 방청목 설치

2015년 2월 2일 주 현관에 방청목을 설치하고, 난간대에 녹 방지 페인트를 칠했다.

지붕 기와 설치 완료

2015년 2월 3일 2주에 걸친 지붕 기와 작업을 완료했다.

> 외벽의 색이 생각했던 것보다 어두워 전체적인 색감을 올리기 위해 테라스와 계단 측면을 기와와 같은 색으로 다시 칠했다.

>> 가스 배관 설치

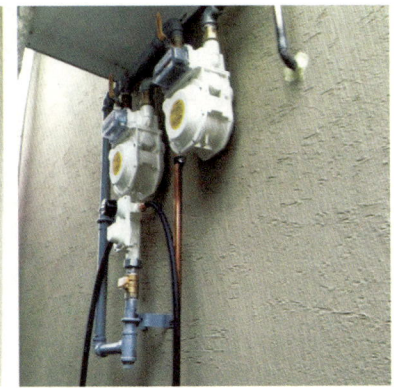

2015년 2월 4일 가스 배관을 설치한 후 보일러와 연결했다.

 >> 2층 및 다락방 난간대 설치

2015년 2월 4일 2층에서 다락방으로 올라가는 계단과 다락방 입구 부분에 난간대를 설치했다.

step 20 >> 전기 인입선 공사

2015년 2월 5일 전기 인입선을 연결하고 조명 스위치를 설치했다.

> 조명 가게 몇 곳에 견적을 문의했는데 가격이 천차만별이었다. 인터넷으로 평균 가격을 미리 알아보는 것이 좋은데, 제주에서는 종종 제품값보다 배송비가 비싼 경우도 있기 때문에 주문을 할 때는 유의해야 한다. 아무래도 제주는 운송비 때문에 육지보다 물가가 비싼 편이다.

문 설치

2015년 2월 9일 미리 구입해 둔 문을 각 방에 설치했다.

추운 날씨 탓에 야외 작업이 여의치 않아 시공이 중단된 날은 혼자 도배 작업을 진행했다. 천장에 핸디 코터를 바르고, 벽에 프라이머 칠을 한 후 뒷면이 양면 테이프로 이루어진 단열 벽지를 붙이면 풀칠 없이도 편리하게 도배가 가능하다.

▶▶ 아시바 철거

2015년 2월 11일 건물 외관에 설치해 두었던 작업용 발판을 철거하고 집 주변을 정리했다.

▶

아시바를 철거한다는 것은 외관 공사가 끝났다는 것을 의미한다. 이제 시공 업체 작업자들은 더 이상 오지 않는다. 남은 일은 모두 내 몫이다.

집 짓기 초보가 정리한 건축 기본 용어

용어	설명
미장	벽, 바닥, 천장 등에 흙이나 시멘트를 바르는 일
방통	방바닥 통미장을 뜻하는 말로, 미장 공사의 일종
거푸집	콘크리트 구조물을 일정한 형태로 만들기 위해 일시적으로 설치하는 구조물
타설	거푸집에 콘크리트를 부어 넣는 작업
먹줄	먹물을 쳐서 낸 줄로, 벽이 세워질 위치 등을 표시
아시바	작업을 위해 건물 외관에 설치하는 발판
양생	콘크리트가 완전히 굳을 때까지 적당한 수분을 유지하고 충격을 받아 훼손되지 않도록 보호하는 일

준공이 떨어지다

제주시 애월읍 번대동 2길

집의 형태가 어느 정도 잡혔을 무렵 주소가 나왔다. 애월 읍사무소에 가서 전입신고를 마치고 새로운 주민등록등본을 받았다. 드디어 제주도민이 된 것이다. 이제 여기서 내 나머지 삶을 보내야 한다. 오랜 도시 생활을 정리하고 본격적으로 인생 사모작을 위한 첫걸음을 시작했다.

기본 공사를 마무리하면서 준공 준비에 들어갔다. 집을 지었는데 사용해도 되는지 제주시청에 허락을 구하는 것이다. 심사를 거쳐 특별한 이상이 없으면 사용 승인이 된다.

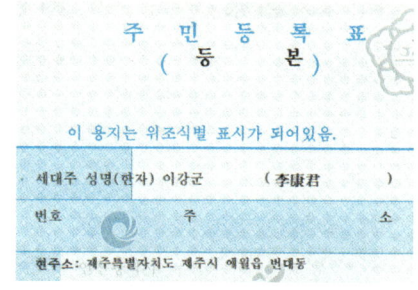

그때부터 비로소 집을 사용할 수 있게 된다. 이제 얼추 집의 모양이 갖추어져 물도 나오고 난방도 되지만 준공을 받기 전까지는 화장실을 사용할 수 없다.

준공은 기본적으로 사람이 살 수 있는 조건을 완비한 후 신청해야 한다. 주거 가능한 방, 화장실, 주방을 갖추고 도배, 창호, 소방 시설 등을 완비하면 준공 검사를 신청할 수 있다. 특히 정화조 설치 여부가 매우 중요하다. 규정대로 정화조를 설치하고 오수처리시설 준공 검사를 받아야 한다. 또한, 2층 이상 건물에는 낙하 및 추락의 위험을 방지하기 위해 테라스에 1m 이상의 난간을 설치해야 하며 창문에도 안전바를 설치해야 한다. 여기에 최종적으로 집 경계에 울타리를 쳐야한다. 울타리는 건축물 대지의 경계를 구분하는 것으로, 돌로 담을 쌓거나 철책이나 목책을 세워도 된다. 나는 동백 묘목 50그루를 심어서 울타리 대신 경계를 세웠다.

준공 시 가장 중요한 것은 신청한 건축물이 건축 허가 및 신고한 설계도면대로 시공되었는지의 여부이다. 준공 신청을 한 집이 건축 면적을 벗어나지는 않았는지, 규정에 맞게 지어졌는지를 가장 중요하게 확인한다. 또한, 감리완료보고서, 공사 완료 관련 서류 등이 적합하게 작성되었는지 판단한다.

TIP 준공 신청 시 필요한 서류

사용승인신청서	'제주 사이버 건축행정' 사이트에서 다운받을 수 있으며, 이 사용승인신청서를 기준으로 필요한 서류를 준비
공사감리완료보고서	공사 감리자를 지정한 경우 제출
설계 변경 사항이 반영된 최종 공사완료도서	허가를 받아 건축한 건축물의 건축허가도서에 변경이 있는 경우 제출
배치 및 평면이 표시된 현황도면	신고를 하여 건축한 건축물의 현황 도면
액화석유가스 완성검사필증	액화석유가스의 사용 시설에 대한 완성 검사를 받아야 할 건축물인 경우 제출

위 항목은 뒤에 이어지는 항목을 모두 완료한 것을 전제로 한 최소한의 준공 신청 서류다. 따라서 다음 항목 중 처리되지 않은 것이 있다면 준공 신청 시 관련 서류를 함께 제출하여야 한다.

준공 신청 이전에 완료해야 하는 검사 항목

검사 항목	준비 서류
개인 하수처리시설의 준공 검사	준공검사신청서, 오수처리계통도면, 현장 시공 사진 등
지적공부(地籍公簿)의 변동 사항 등록 신청	현황측량성과도, 지목변경신청서 ※ 지적공부란 토지(임야)대장, 지적(임야)도, 수치지적부 등을 말함.
승강기 완성 검사	승강기검사필증 등
보일러 설치 검사	보일러시공확인서 등
전기설비의 사용 전 검사	사용 전 검사신청서, 공사계획인가서, 전기 수용설비 단선결선도 등
정보통신 공사의 사용 전 검사	사용 전 검사신청서, 공사의 준공설계도서 등
도로점용 공사 완료 확인	도로점용공사 완료확인신청서, 전·중·후 사진, 준공설계도면 등
개발 행위의 준공 검사	준공 사진, 지적측량성과도 등
도시계획시설 사업의 준공 검사	공사완료보고서 등
수질오염물질 배출 시설의 가동 개시의 신고	배출시설설치허가증 또는 설치신고증명서, 가동개시신고서 등
대기오염물질 배출 시설의 가동 개시의 시고	배출시설설치허가증 또는 설치신고증명서, 가동개시신고서 등
소음·진동 배출 시설의 가동 개시의 신고	배출시설설치허가증 또는 설치신고증명서, 가동개시신고서 등
기타	도로명주소 부착 사진, 건축물 대장, 주차장 관리 카드, 준공 시 협의 서류 등 그 외 허가 조건 관련 서류

※ 사용승인(준공) 신청에 대한 보다 정확한 내용은 「건축법」 제22조 '건축물의 사용승인' 항목과 「건축법 시행규칙」 제16조 '사용승인신청' 항목에서 확인할 수 있다.

나는 준공을 받기 위해 건축사와 시공 업체에 물어 가며 건축법에 지정되어 있는 내용들을 하나씩 점검했다. 개인이 준비할 수 있는 서류에는 한계가 있기 때문에 설계사무소 및 시공 업체와의 협력이 꼭 필요하다.

2015년 2월 18일, 준공이 떨어졌다. 준공이라고 하니 뭔가 엄청난 일인 것 같아 긴장했는데, 별 어려움 없이 승인됐다.

준공을 받고 나서 컨테이너에 있던 물건을 집으로 옮겼다. 2층 방과 주방도 정리했다. 아직 어수선하지만 내 집에서 먹고 잘 수 있다는 것만으로도 무척 만족스러웠다. 아직 손도 대지 못한 1층과 다락방을 비롯해 집 앞 정원과 집 뒤 400평이나 되는 텃밭도 정리하고 가꾸어야 하지만 오랜만에 한숨 돌릴 수 있었다.

△ 준공을 받고 나서 컨테이너의 물건을 집으로 옮기고 2층 주방과 방을 정리했다.

◁ 제주행 배에서부터 컨테이너 생활까지 함께한 황주가 준공이 떨어진 집의 현관 계단에 앉아 있다.

건축 허가에서 준공까지의 절차

| 설계 | — | 건축사가 설계도서 작성 |

↓

| 건축 계획 심의 | — | 건축위원회에서 심의 |

↓

| 건축 허가 신청 | — | 토지사용승낙서 등 첨부 |

↓

| 건축 허가 | — | 100㎡ 초과 건축물 대상 |

↓

| 착공 신고 |

↓

| 착공 | — | 허가 이후 1년 내 착공 |

↓

| 사용승인 신청 | — | 사용승인신청서 접수 |

↓

| 사용승인 조사 및 검사 | — | 사용승인신청서 접수 후 7일 내 검사 실시 |

↓

| 사용승인(준공) |

↓

| 건축물 사용 |

준공을 받고 나면 건축물대장이 만들어진다. 이때 건축주는 소유권보존등기를 할 수 있다. 소유권보존등기는 집과 땅에 대한 소유권을 건축주의 이름으로 보존하기 위한 등기를 말한다. 법원 등기과에 신청을 하게 되는데, 건축물대장등본과 신청인의 주민등록초본, 등록세 납부 영수증 등의 서류가 필요하다. 등기소에 보존등기를 신청하면 비로소 법적 권리를 가진 완전한 주택이 된다. 보존등기의 신청은 법무사를 통해서 진행하는 경우가 많은데, 요즘에는 절차가 간편해져서 나는 법무사를 통하지 않고 직접 신청했다. 집을 이용해 대출을 받으려면 이 보존등기의 신청이 필수적이다.

또한 귀농을 하여 농사를 짓는 경우에는 농지원부를 발급받는 것이 좋다. 농지원부를 발급받으면 농협 회원으로 등록되어 농사에 필요한 각종 혜택과 지원을 받을 수 있다.

TIP **농지원부** 農地原簿

농지원부는 농지의 소유와 이용 실태를 파악해 이를 효율적으로 관리하기 위해 만드는 장부를 말한다. 농지원부는 농사짓는 땅의 소유권을 증명하는 것이 아니라 경작 현황을 확인하는 것이기 때문에 농지를 소유하고 있지 않더라도 경작하고 있는 농지의 임대·임차계약서를 제출하는 것으로 신청이 가능하다.

농지등기부등본, 토지대장등본, 주민등록등본을 가지고 해당 시·구·읍·면의 농지 관리부서에 가서 신청하면 된다. 농지원부를 신청하는 것만으로 특별한 혜택을 받는 것은 아니지만, 지자체 및 농협의 농업 지원 사업에 참여하기 위해서는 농지원부에 가입되어 있어야 하는 경우가 많다.

안팎을
꾸미다

시공 업체를 통해 외관 공사를 마무리하자 어느덧 그럴듯한 집이
되었다. 정화조를 설치하고 집 안에 수도를 연결하니 물이 나온다. 제
주에 내려온 지 두 달 만에 컨테이너 생활을 정리하고 지붕이 있는 보
금자리로 들어가게 된 것이다. 그러나 사람이 살 만한 집을 만들기 위
해서는 아직 해야 할 일이 산더미처럼 남았다. 생활 시설을 갖추기 위
한 실내 작업이 기다리고 있다. 실내 작업은 발품을 팔고 몸으로 때우
며 혼자 진행하기로 했다. 남은 일거리는 모두 내 차지다. 진짜 고생
은 이제부터 시작이다, 하지만 춥고 힘든 컨테이너 생활을 견뎠더니
남은 일도 막연하게 느껴지지 않았다. 차근차근 집이 완성되는 것을
지켜보니 내가 언제 이토록 하루하루를 의욕에 차서 열심히 살았던가
싶다.

도배와 장판

　도배 작업의 경우 직접 진행하고, 장판 시공은 업체에 맡겼다. 생활 공간인 2층과 다락방은 도배를 하고 장판을 깔았지만, 1층은 카페로 꾸밀 예정이기 때문에 도배와 장판을 하지 않았다. 도배 작업 중 도배 지가 부족한 바람에 다락방은 추후에 다시 작업을 했다. 전문가가 아 니다 보니 평수에 따라 얼마만큼의 도배지가 필요한지 딱 맞추기가 어 렵다. 처음에는 괜히 남기는 것보다 모자랄 때 다시 주문하는 것이 낫 다는 생각에 여유를 두지 않았다. 그러나 나중에 보수 공사를 하게 될 수도 있기 때문에 도배지는 조금 여유 있게 주문하는 것이 좋다.

도배와 장판을 모두 마치고 나니 집 안이 제법 근사해졌다. 특히 아지트로 사용하게 될 다락방이 가장 마음에 들었다.

도배의 마무리는 실리콘 작업이다. 도배지의 접착력을 높이고 모서리를 정돈하기 위해서다. 실리콘은 도배 이외에도 대부분의 작업 마무리에 사용된다. 갈라진 틈을 메워 이물질을 방지하는 데 효과가 있기 때문에 집 짓는 과정의 마무리는 항상 실리콘 쏘기로 끝난다. 실리콘은 총처럼 생겨서 '실리콘건'이라고 불리는 장치에 끼워 바르기 때문에 흔히 '실리콘을 쏜다'라고 표현한다. 집을 지으면서 그동안 사용한 실리콘만 해도 무려 100통이 넘는다. 그러나 실리콘을 균일하게 바르는 일은 쉽지 않다. 실리콘을 균일하게 바르기 위해서는 바를 곳에 대고 떼기까지 흔들림 없이 일정한 힘을 가해야 한다. 그래서 전문가가 아니고서는 삐뚤빼뚤하게 발리는 경우가 많다. 나 역시 100통이 넘는 실리콘을 바르면서 조금씩 훈련되기는 했지만, 초기에 작업했던 곳은 확실히 지저분하다. 내 집이니까 가능한 일이기도 하지만 내 집이기 때문에 아쉽기도 한 부분이다.

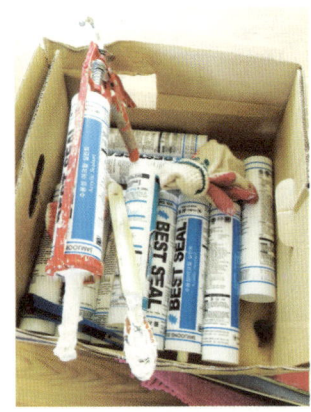 

도배를 마친 모서리 부분에 실리콘을 꼼꼼히 발라 주었다.

마당에 길 내기

흙으로 된 집 앞마당은 비가 오면 질퍽거리며 발을 끌어당긴다. 이 바닥을 정비하기 위해 제주 판석 공장을 찾아갔다. 상품 가치가 떨어진 깨진 판석을 싼 값에 구매해 마당의 디딤돌로 쓰기 위해서다. 제주 판석을 한 팔레트 구입해 건물 현관에서부터 마당 입구까지 깔았다. 추후 잔디 작업을 할 때 다시 정리를 하기로 하고 일단 아무렇게나 던져 놓았다. 모양은 아직 어설프지만 일단 발이 흙에 빠지지 않았다.

제주 판석으로 마당에 길을 냈다.

잔디 정원 만들기

전원살이의 로망을 실현하기 위해 앞마당에 잔디를 심기로 했다. 간혹 집 짓는 곳을 찾아다니며 정원을 만들어 주겠다고 하는 농장들이 있다. 우리 집에도 갑자기 찾아온 적이 있어 견적을 받아 보았다. 잔디 1평을 까는 데 7만 원, 120평 정원을 다 까는 데는 800만 원, 나무 심는 것까지 1,500만 원의 견적이 나왔다.

발품을 팔아 알아보니 잔디는 사방 30㎝ 한 장에 300원이었다. 1평에 36장의 잔디가 들어가기 때문에 120평이면 약 4,000장이 필요하다. 그럼 잔디 가격만 대략 120만 원이다. 모래와 기타 부대 비용을 합해도 150만 원이면 충분했다. 그래서 직접 깔기로 했다. 나무는 정원이 정리되면 어울리는 것으로 골라 천천히 마련할 계획이다.

인터넷에 검색을 해 보니 잔디에도 종류가 여러 가지 있었지만 나는 제주 잔디를 선택했다. 제주도의 기후에서 가장 잘 자랄 것이라고 생각했기 때문이다. 사전에 농장을 미리 검색해 보고 그중 몇 군데를 둘러봤다. 잔디를 직접 실어 오면 더 싼값에 구매할 수 있다. 그렇게 직접 사 온 잔디를 마당에 깔았다.

직접 발품을 팔아 실어 온 잔디를 마당에 깔았다.

잔디를 까는 방법은 어렵지 않다. 먼저 4,000장의 잔디를 마당에 툭툭 던져 놓고 밟는다. 그 위에 모래를 뿌리고 다시 밟는다. 잔디 자리를 잡아 준 다음에는 물을 충분히 뿌리면 된다. 4,000장의 잔디를 모두 까는 데 이틀의 시간이 걸렸다.

이틀 동안 앞마당에 잔디를 깔았다. 잔디 위에 강아지들이 돌아다니니 한층 집다운 모양새가 갖춰졌다.

20여 일이 지나자 잔디가 조금씩 푸르게 올라오기 시작했다. 봄비의 영향으로 잔디가 자라는 속도가 빨랐다. 잔디가 제법 자릴 잡은 이후에는 공사 내내 방치해 두었던 주차장과 입구를 정리했다.

잔디가 조금씩 푸르게 돋아나기 시작했다.

　준공을 받기 위해 임시로 설치했던 주차장의 보도블록을 입구 쪽으로 옮기고, 그 자리에 잔디를 깔아 정원을 재정리했다. 먼저 보도블록을 파내고 입구를 평평하게 다졌다. 입구 부분에 파낸 보도블록을 깔고, 보도블록을 파낸 자리에는 잔디를 깔았다. 작업을 마치는 데 총 3일의 시간이 걸렸다. 그로 인해 출입구는 깔끔하게 정리가 되고, 정원은 더 넓어졌다.

　봄이 되어 정원을 꾸미는 집이 많아졌는지 잔디가 동이 나서 처음 잔디를 깔 때와는 다르게 여기저기 수소문을 해야 했다. 겨우 500장의 잔디를 구했는데, 수급이 원활하지 않아서 그런지 가격이 크게 올랐다. 따라서 봄에 잔디를 깔고자 한다면 조금 서둘러서 선점을 하는 것이 좋다. 대신 직접 잔디를 실어 오는 것으로 운반비를 절감했다.

임시 주차장으로 지정해 두었던 곳에 잔디를 깔고 입구도 재정비했다.

조명 설치하기

공사할 때 달아 놓은 임시 백열전등은 LED 램프로 교체했다. 애초 계획은 테라스와 계단 난간의 기둥마다 등을 설치하려고 했는데, 34개나 되는 곳에 모두 설치하자니 금액이 만만치 않았다. 조명 자체의 가격보다도 설치 비용이 크다. 그래서 1층과 2층을 합해 총 6곳에만 문주등을 달았다. 이어서 정원에도 조명을 설치했다. 조명 작업을 완료한 후 밤을 기다렸다가 불을 모두 켜 보니 제법 그럴듯했다.

집 안팎에 등을 설치했다.

△ 난간 기둥과 정원에도 등을 설치
했다.

◁ 조명을 설치한 집의 밤 풍경이 그
럴듯하다.

테라스 정비

테라스는 2층을 먼저 작업했다. 1층은 2층보다 정비가 되지 않아
서 테라스 작업 또한 미뤄졌다. 일단 테라스 바닥을 어떻게 마감할 것
인지 고민했다. 그리고 화산송이를 깔기로 결정했다. 화산송이는 화
산이 폭발하면서 고열에 타서 숯이 된 돌을 말한다. 송이는 스코리아
(scoria)를 뜻하는 제주 방언이다. 화산재의 일종인 스코리아는 검정

이나 어두운 회색을 띠는데, 산화된 경우 진한 갈색을 나타내기도 한다. 제주의 스코리아는 대부분 진한 갈색을 띤다.

2층 테라스에 제주 화산송이를 깔았다.

　1층 현관의 테라스에는 오일스테인을 칠했다. 오일스테인은 목재의 무늬를 선명하게 하는 동시에 목재를 더 오래 쓰기 위해 보호하는 용도다. 1층 테라스는 나무로 마무리를 했기 때문에 몇 년간은 정기적으로 오일스테인을 발라 줘야 한다. 6개월에 한 번씩 다시 칠을 해야 목재 바닥을 오래 유지할 수 있다.

　화산송이를 깐 2층 테라스에는 잔디를 심으려고 했는데, 테라스 잔디는 관리가 힘들다고 해서 마당에 깔고 남은 제주 판석을 깔았다. 총 40여 개의 판석이 사용됐다.

1층 현관 테라스의 목재 바닥에 오일스테인을 칠했다.

화산송이 위에 제주 판석을 깔았다.

판석을 깐 2층 테라스에는 야외 테이블과 파라솔을 설치했다. 야외 테이블과 파라솔은 인터넷으로 완제품을 구입했다. 제주도는 육지보다 배송료가 비싸기 때문에 인터넷으로 물건을 살 때는 더 꼼꼼하게 따지고 예산 계획을 세워야 한다. 검색 결과 직접 만드는 것보다 나을 것 같아서 인터넷 구입을 결정했다. 컨테이너 박스에서 생활하던 게 엊그제 같은데 어느덧 파라솔이 있는 테라스에 앉아 커피 한잔을 즐길 수 있을 정도로 일이 진척됐다.

2층 테라스에 파라솔을 설치해 운치를 더했다.

타일 작업

　화장실 타일은 시공 업체 인부들이 작업했다. 2층 출입구 부분의 타일은 그때 어깨 너머로 배워 둔 것을 되새기며 직접 깔았다. 타일 깔기의 시작은 일단 마음에 드는 타일을 구입하는 것이다. 집의 분위기를 해치지 않으면서 테라스에 깔아 둔 판석과 어울리는 타일로 구매했다. 타일 또한 크기와 모양, 재질, 가격이 천자만별이기 때문에 인터넷상으로 충분히 검색을 해 보는 것이 좋다. 먼저 깔고 싶은 스타일을 정하고 가격 검색을 시도한 후 구입해야 후회가 없다.

2층 현관에 모르타르를 바르고 타일을 붙였다.

타일을 붙이기 전에 모르타르로 밑 작업을 해야 한다. 모르타르는 시멘트에 모래를 섞고 물로 갠 것을 말한다. 시간이 지나면 물기가 사라지고 단단하게 굳기 때문에 벽돌을 쌓거나 타일을 붙이는 데 주로 사용된다. 넓은 부위를 시공하기 위해서는 모르타르를 그때그때 발라가며 타일을 붙이고, 줄눈 간격재를 이용해서 타일 간의 거리를 균등하게 배치하는 것이 좋다. 타일과 타일 사이사이 백시멘트로 채워 넣어야 하는 부분을 줄눈이라고 하는데, 줄눈 간격재는 줄눈이 일정하도록 간격을 잡아 주는 도구다. 그러나 나의 경우는 한눈에 넓이를 살필 수 있는 작은 공간이었기 때문에 한 번에 모르타르를 다 발라 두고 눈대중으로 타일을 붙였다.

타일을 붙이고 하루 지나서 줄눈 작업을 해야 한다. 물과 백시멘트를 넣고 되직하게 해서 줄눈 부위에 발라 넣고 타일 부분을 스펀지로 닦아 내면 된다. 줄눈은 주로 흰색 시멘트로 작업을 하는데, 줄눈용 시멘트도 여러 가지 색상이 출시되어 있어 타일과 색을 맞추어 컬러풀한 줄눈을 시공할 수도 있다. 줄눈 시멘트가 너무 건조되어 잘 닦이지 않을 때는 스펀지에 물을 묻혀 여러 번 닦아 낸다.

줄눈 간격재로 타일 사이의 간격을 일정하게 할 수 있다.

△ 백시멘트를 발라 줄눈을
시공했다.

◁ 백시멘트를 닦아 내면서
타일 시공을 마무리했다.

페인트칠

2층과 다락방은 도배를 했고, 건물 외벽은 기초 공사를 하면서 페인트 작업을 마무리했다. 이제 남은 벽은 1층이다. 1층은 나중에 카페로 꾸밀 예정이었기 때문에 벽에 도배를 하는 대신 페인트칠을 하기로 결정했다. 페인트 작업 또한 사람을 쓰자니 300만 원의 견적이 나왔다. 당연히 직접 하기로 했다. 먼저 필요한 재료의 목록을 작성한 후 페인트 가게로 갔다. 재료를 구입하면서 작업하는 방법을 자세하게 물어봤다.

천장에는 검은색 수성 페인트를 칠하고, 벽에는 투명 페인트를 칠해 콘크리트가 그대로 보이도록 한 다음 부분 부분에 파벽돌을 붙이기로 했다. 바닥은 반질반질하게 에폭시 처리를 할 계획이다.

천장 페인팅을 하기 전에 벽에 비닐 테이프를 붙여 준비 작업을 했다. 벽은 투명하게 하고 천장은 검은색을 쓸 예정이기 때문에 벽에 검은 페인트가 묻는 것을 방지해야 했다. 오후에 시작해 밤늦도록 1층 천장의 절반 정도를 칠했다. 한 번 칠하는 정도로는 검정색이 제대로 나오지 않았다. 콘크리트 먼지가 페인트에 묻어 계속해서 하얀 자국이 생겼다. 계속해서 겹칠을 하고 말리는 과정을 반복했다. 7번 정도 반복하고 나서야 어느 정도 검은 천장을 만날 수 있었다.

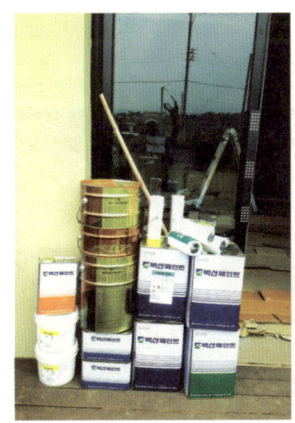 

1층 페인트 작업을 위해 재료를 준비하고 벽과 책장에 비닐을 씌웠다.

천장에 검은 수성 페인트를 반복해서 칠했다.

　벽의 경우 처음에는 투명 페인트를 칠하려고 했지만, 한 면을 칠해 보니 콘크리트가 깨끗하게 마감되지 않아 생각보다 예쁘질 않았다. 그래서 투명 벽은 포기하고 흰색으로 다시 칠을 하기로 했다. 벽 페인팅 작업은 천장보다 수월했지만 1층에 남아 있는 짐을 옮기면서 페인트칠을 하다 보니 체력적으로는 더 힘들었다. 살림살이를 2층과 다락방으로 옮겼는데도 아직 많은 짐이 남았다. 벽 페인트칠을 하는 데도 이틀 정도의 시간이 걸렸다.

벽에는 흰색 페인트를 칠했다.

페인트칠을 완료한 천장과 벽의 모습이다.

　바닥은 좀 더 복잡했다. 먼저 하도를 칠한 후 상도를 칠해 마감을 해야 한다. 하도는 상도를 바르기 쉽게 도와주는, 일종의 접착제 역할이다. 하도를 칠하기 전에는 바닥을 깨끗하게 청소하는 것이 좋다. 그래야 페인트가 잘 먹는다. 바닥 작업을 위해 1층의 짐을 모두 밖으로 빼냈다. 짐이 빠진 공간에 남은 시멘트 가루와 먼지 등을 쓸어 냈다. 대충 청소를 마치고 프라이머로 하도 작업을 진행했다. 바닥 전체를 바르는 데 프라이머를 2말가량 썼다. 다행히 날씨가 좋아 프라이머를 칠한 바닥이 빨리 말랐다. 일기예보를 보고 일부러 날이 좋을 때를 택해서 바닥 작업을 시작한 것이 주요했다.

바닥 작업을 위해 시멘트 가루와 먼지를 쓸어 냈다.

프라이머 2말로 바닥 하도 작업을 진행했다.

프라이머가 완전히 마르면 상도 작업을 진행한다. 상도 작업은 하도 작업 위에 투명 에폭시 페인트를 바르는 것이다. 프라이머가 마르는 대로 에폭시 페인트를 두껍게 발랐다. 날씨가 좋은 덕에 에폭시 역시 빨리 말랐다. 이틀 정도 말리고 밖에 내놓은 가구들을 다시 들여놨다.

에폭시를 바른 바닥이 반짝거린다.

주방 만들기

 1층을 근린생활시설로 설계 변경하면서 정화조 용량을 증설하고 1층과 2층의 전기 및 가스 등을 분리하게 됐다. 당장 영업을 할 생각은 아니었지만, 나중에 카페나 식당으로 운영할 수 있는 여지를 두기로 한 것이다. 그로 인해 1층 화장실을 남자용 여자용 두 개로 만들게 됐는데, 이로 인해 최초의 설계보다 주방 공간이 좁아졌다. 집을 다 짓고 주방을 꾸미려고 하니 냉장고를 둘 곳이 없었다. 어쩔 수 없이 주방 바깥에 냉장고를 두고 박스를 만들어 덮기로 했다. 대신 그만큼 실내 공간이 줄었다.

 싱크대도 직접 만들고 싶었지만 수납장 하나하나가 정확하게 딱 맞물려 들어가야 하기 때문에 전문 업체에 제작을 의뢰했다. 가능하면 많은 수납공간을 확보하는 동시에 무의미하게 남는 공간이 없도록 주문했다. 싱크대 설치 작업은 하루를 예상했지만 더 많은 시간이 소요됐다.

주문 제작한 싱크대를 1층 주방에 설치했다.

작업을 하다 보니 평면 후드가 너무 밋밋했다. 업체 사장님과 상의해서 가격을 조금 더 주고 침니 후드로 변경을 했더니 포인트가 되는 느낌이었다. 그러나 평면 후드에 맞춰서 제작한 전면 싱크대 문짝을 다시 제작해야 해서 싱크대 설치 기간이 더 연장됐다. 싱크대 설치를 완료하면서 1층의 기본 인테리어 작업이 완료됐다.

침니 후드로 변경해 주방 싱크대 설치를 완료했다.

싱크대 설치 후 주방을 정리했다. 박스째로 쌓아 두었던 주방 살림살이를 6개월 만에 풀었다.

1층 주방을 만들기 전, 생활공간인 2층에 작은 부엌을 만들었다. 2층 또한 1층 주방과 같은 업체에서 싱크대를 제작해 설치했다.

보조 세면대 설치

1층 주방 싱크대 옆 보조 수도에 작은 싱크대를 설치하기로 했다. 혹시 카페를 운영하게 되면 물을 사용할 일이 많아질 것 같았기 때문이다. 설계 시에는 없던 부분이기 때문에 추가 비용을 고려해 시공 업체에 따로 의뢰하지 않고 직접 작업을 했다.

고민을 하다가 인터넷을 찾아보니 마음에 드는 보조 싱크대가 39만 원이었다. 배송비를 더하면 50만 원 정도가 들었다. 비슷한 것을 찾아 제주 시내 주방 기구 가게에 갔는데 스테인리스로 제작하는 데 40만 원의 견적이 나왔다. 예상보다 가격이 비싸서 도기 세면대를 사서 직접 설치하기로 했다. 세면대를 10만 원에 구입하고 수전을 2만 원에 구입했다.

세면대를 설치하는 방법은 간단하다. 먼저 세면대를 설치할 위치를 잡고 벽에 구멍을 뚫는다. 구멍에 앵커 볼트를 넣고 세면대를 부착한 후 앵커 너트로 조인다. 이때 세면대의 수평이 잘 잡혔는지 확인하는 것이 중요하다. 이후 세면대에 수전을 장착한다. 수전은 쉽게 말해 세면대 수도꼭지를 말한다. 수전을 세면대 위의 구멍에 잘 넣어 주고 아래쪽에서 고무패킹을 끼워 조이면 된다. 설치되어 있는 배관과 세면대가 잘 맞추어졌는지 확인하고 커버를 씌운다. 마지막으로 접합 부분을 실리콘으로 마무리한다.

주의할 점은 세면대가 도기로 이루어져 있기 때문에 깨질 위험이 있다는 것이다. 세면대의 무게가 상당해서 작업 중 힘이 빠지거나 실수로 놓치는 일이 생기면 파손되거나 작업자가 다칠 위험이 있으니 조심하는 것이 좋다.

도기 세면대를 구입해 직접 설치했다.

블라인드 설치

3월 중순 무렵 블라인드를 설치했다. 블라인드는 직접 치수를 재고 소재와 색상 등을 선택해 맞춤 제작을 의뢰했다. 블라인드와 커튼을 달면 보다 생활감 있는 집으로 변모한다.

블라인드 역시 먼저 시내의 가게에서 견적을 문의했다. 역시나 예상보다 비쌌다. 항상 예상보다 비싼 견적을 받으면서 생긴 노하우 중하나는 직접 제조 공장을 찾아가면 더 저렴하게 재료를 수급할 수 있다는 것이다. 제주공항 뒤에 있는 블라인드 공장 또한 여기저기 수소문해서 찾아간 곳이다. 주문 제작이 가능하다고 해서 집으로 돌아와 창문마다 치수를 잰 후 다시 공장을 찾았다. 공장에서 직접 블라인드의 재질과 색상을 골라 주문을 했다. 블라인드가 완성되는 데는 일주일 정도의 시간이 걸렸다.

직접 맞춰 제작한 블라인드를 찾아와서 1층에 시공했다. 창이 많은 1층엔 우드 블라인드를 설치하고 2층에는 롤 커튼을 달았다. 마지막으로 다락방에는 우드 블라인드와 롤 커튼을 조합해 달았다.

1층 창문에는 우드 블라인드를 설치했다.

방에는 롤 커튼과 우드 블라인드를 조합해서 설치했다.

주차장 만들기

특별한 작업을 하지 않고 자리만 잡아 놓은 주차장에 폐석을 깔았다. 비만 오면 질퍽거려서 지저분하기도 하고 차를 세워 두기도 적합하지 않았다. 그런데 마침 주문한 폐석을 싣고 온 덤프트럭이 후진 중 흙 속에 빠졌다. 차가 워낙 크고 무거워 혼자서 빠져나오지 못하고 결국 또 다른 트럭이 와서 끌어냈다. 애초의 계획은 덤프트럭이 들어왔다가 나가면서 차에 실은 폐석을 주차장에 골고루 뿌리고 가는 것이 있다. 그러니 차가 삐지는 바람에 폐석을 두 군데에 나눠 쏟아붓고 가 버렸다.

폐석을 싣고 온 트럭이 흙 속에 빠졌다.

주차장에 쌓인 폐석을 수작업으로 넓게 펼치기 시작했다.

하루 종일 매달렸지만 산더미 같은 폐석 더미를 모두 처리하는 것에 실패했다. 계속해서 삽질을 하다 보니 손가락도 붓고, 팔목도 아파 끝까지 작업 속도를 유지하기 힘들었다. 일단 차가 빠져나갈 수 있도록 길을 확보해 놓고 나머지는 시간에 여유가 있고 체력이 허락할 때마다 틈틈이 작업하기로 했다. 포클레인을 부르면 1시간에 끝날 일이지만 무려 50만 원의 금액이 든다. 비용 절감에 대한 압박감도 있었지만 내 손으로 집을 짓는다는 보람 또한 포기하고 싶지 않았다. 어차피 느리게 살기 위해 내려왔으니 천천히 시간 날 때마다 작업을 해서 처리하면 될 일이다.

열흘 정도의 시간 동안 매일 조금씩 폐석을 퍼 날랐더니 어느샌가 봉우리가 사라졌다. 폐석 봉우리가 사라지자 이제는 길이 제법 평탄해져 차가 지나다녀도 문제가 없게 됐다.

열흘 정도 폐석을 정리했더니 어느 정도 평평해졌다.

이후 다시 며칠 동안 조금씩 폐석을 정리해 작업을 마무리했다. 평평하게 땅을 다져 놓으니 주차장 티가 났다. 이 작업은 집 짓는 과정 전체 중에서도 손에 꼽을 만큼 힘들었다.

안개가 낀 아침에 폐석을 모두 정리했다.

목공 작업

목공 작업은 집 짓기에서 필수다. 특히 인테리어를 직접 하겠다고 마음먹었다면 기본적인 목공 작업쯤은 두려워해서는 안 된다.

나는 먼저 2층에서 나락방으로 올라가는 계단을 나무 바닥으로 마무리하기로 했다. 목수에게 견적을 의뢰한 적이 있는데 계단 작업비로 350만 원이 나왔다. 그래서 직접 계단 모양을 본뜨고 건재상에 가서 나무를 잘라 왔다. 계단 모양에 맞게 재단까지 해 오고 싶었지만 건재상에서는 차에 실을 수 있게 중간 절단만 해 준다고 했다. 그렇게 나뭇값으로 9만 6,000원을 결제했다. 직접 발로 뛰니 확실히 공사 비용을 절약할 수 있다.

마침 집 앞에 새롭게 목조 주택이 들어서는 공사 현장이 있어서 작업자에게 부탁해 본뜬 종이대로 나무를 재단했다. 재단한 나무는 곱게 대패질을 했다. 이제 계단 부분을 시멘트로 잘 다진 후 나무판을 붙이면 된다. 마무리는 역시 실리콘을 쏴서 정리했다.

이틀 정도 실리콘과 나무를 붙인 본드를 굳힌 후 나사를 박아 나무판을 콘크리트에 고정했다. 고정된 나무판에 래커를 칠하는 것으로 계단 작업을 끝냈다.

다락방으로 올라가는 계단 모양을 본뜬 후 건재상에서 목재를 구입했다.

계단을 시멘트로 잘 다진 후 나무판을 붙였다.

본드와 실리콘을 굳힌 후 나사를 박아 나무판을 고정했다.

　두 번째로 시도한 목공 작업은 신발장 만들기이다. 신발장은 MDF 판을 재단해서 만들었다. 신발장의 경우 특별한 디테일 없이 신발이 들어갈 칸칸을 만들어 짜 넣었기 때문에 재단에 약간의 오차가 있어도 큰 무리 없이 만들 수 있다. MDF판을 사는 데 10만 원이 들었고,

절단하는 데 만 원을 썼다. 문고리는 개당 5,000원으로 2개를 구입해 만 원이 들어 모두 합해 12만 원의 비용으로 신발장을 제작했다.

TIP — MDF(Medium Density Fiberboard) : 중밀도 섬유판

MDF는 나무를 미세하게 갈아서 접착재와 함께 섞어 틀에 넣고 높은 압력으로 찍어 낸 목재를 말한다. 가공하기 쉽고 저렴해 가구와 실내 인테리어용으로 많이 쓰인다. 재질이 가볍고 내구성이 튼튼하지만 원목의 느낌은 없다. 그러나 MDF는 습기에 약하다. 물을 머금으면 나뭇가루가 수분으로 인해 들뜨고 물 먹은 종이처럼 변한다. 따라서 습한 곳이나 야외에 둘 가구에 사용하는 것은 적절하지 않다. 보통 목재는 수입품인 경우가 많은데 MDF는 목재를 갈아 재가공한 것이기 때문에 국내 생산품이 많다. 그만큼 많이 유통되고 있어 구하기 쉽고 나무목보다 저렴하다. 쉽게 말하면 나뭇가루를 뭉친 것이라고 할 수 있다. 그래서 나무 같기도 하고 마치 두꺼운 종이를 여러 겹 합친 것 같은 느낌을 주기도 한다.

MDF와 비슷한 것으로 PB(Particle Board)판이 있는데, 나무를 으깨서 접착제와 함께 섞어 틀에 넣고 높은 압력으로 찍어 낸 것이다. 단면을 자르면 나무 톱밥이 무늬처럼 거칠게 보인다. 표면에 광택 처리를 하거나 시트지를 붙여서 부엌 싱크대로 많이 사용한다. 가격이 저렴하지만 무겁고 안정성이 떨어진다.

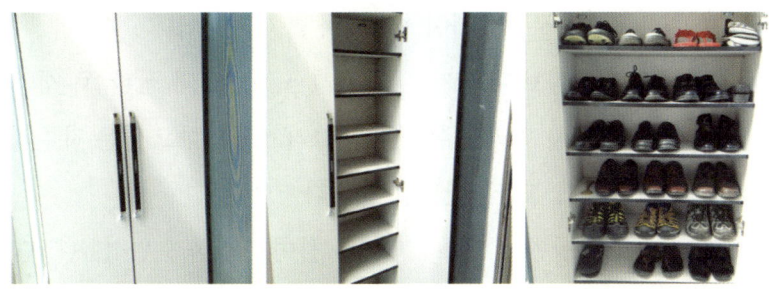

MDF판으로 신발장을 제작했다.

2층 침대와 정원용 원목 테이블은 인터넷으로 구매해서 조립만 했다. 아직 정교한 가구를 설계할 정도의 실력을 갖추지 못해서 복잡한 가구들은 기성품을 주문했다.

정원용 원목 테이블과 2층 침대는 기성품을 구입했다.

그다음으로 시도한 목공 작업은 테이블 만들기이다. 1층에 창가에 들여놓을 테이블을 직접 만들기로 했다. 테이블을 만들기 위해 외도에 위치한 목재상에 가서 나무를 사 왔다. 목재를 사러 가기 전에 미리 설계를 한 후 필요한 나무의 크기를 메모해 가야 한다. 목재상에서 필요한 치수대로 나무를 잘라서 가져와야 하기 때문이다.

나무 가격은 생각보다 비싸지 않다. 1.5m 인팎의 상판 두 개의 60cm가량의 테이블 다리용 판자 4개, 그리고 재단하고 남은 자투리 나무를 실어 왔는데, 모두 3만 원이 들었다.

창가 테이블은 상판에 다리용 판자를 붙여 간단하게 완성했다. 단순한 모양이지만 창가에 배치하니 운치가 있다.

목재를 구입해 직접 만든 테이블을 1층 창가에 배치했다.

창가 테이블을 만들고 남은 재료를 사용해서 홀에 둘 만한 테이블을 하나 만들어 보았다. 남은 재료를 사용하는 것이기 때문에 정확한 재단보다는 눈썰미로 대충 만들기를 시도했다. 상판으로 쓸 나무판의 크기에 맞춰 남은 막대를 잘라 다리를 만들었다. 다리가 다소 부실해 보여 아랫부분 가운데에 막대를 하나 더 댔다. 마무리로 모서리를 다듬고 래커를 칠하니 그런대로 쓸 만한 테이블이 완성됐다.

창가 테이블을 만들고 남은 재료로 홀 테이블을 만들어 보았다.

주방 작업을 위해 가져온 전문적인 공구들이 눈에 띄어 업체 사장님이 싱크대를 설치하는 동안 정원 의자 4개를 만들었다. 망치, 톱, 드릴 정도의 기본 장비만을 가지고 힘을 써 가며 만들었을 때와는 다르게 수월하게 벤치 몇 개를 만들 수 있었다.

절단기를 빌려 정원용 벤치 4개를 만들었다.

화목난로용 땔감으로 얻은 폐목재 중 태워 버리기엔 아까운 것들이 있어서 평상을 만들기로 했다. 먼저 깨끗한 각목을 골라 다리와 몸체의 틀을 짰다. 위에 올릴 상판만 12㎜ 두께의 방부목을 구입했다. 만들다 보니 이왕 하는 거 두 개를 한 세트로 만들어서 다양하게 활용하자 싶었다. 눈대중으로 만든 것치고는 결과물이 썩 만족스러웠다. 시골살이에서는 사소한 것이라도 직접 만들 수 있으면 여러모로 편리하다. 비용 절감은 덤이다.

땔감용 목재와 방부목을 이용해 평상을 제작했다.

두 개 한 세트의 평상을 만들어 다양하게 활용하기로 했다.

건축 비용 정산

집을 다 짓고 안팎을 꾸미는 데 드는 비용까지 모두 정리해 보았다. 결과적으로 예상보다 3,000만 원 정도가 초과됐다. 처음 예산을 편성할 때 단순하게 건물을 짓는 것만 생각했기 때문이다. 설계 인허가비를 빼먹었고, 지붕 재료를 중간에 기와로 변경하면서 추가 비용이 들었다. 그밖에 수도와 측량 비용을 비롯한 각종 세금과 설계 변경으로 인한 정화조 증설 비용, 정원을 만들기 위한 잔디와 조경용 나무 구입 비용 등이 추가됐다.

예산을 선정할 때는 변동 사항을 염두에 두고 추가 금액을 여유 있게 책정해 두는 것이 좋다. 나 역시 추가 비용을 염두에 두고 작업을 진행했음에도 불구하고 예상보다 많은 변동 사항이 있었다. 예상치 못한 추가 비용 절감을 위해 준공 이후 웬만한 작업은 직접 진행했다. 시간도 오래 걸리고 몸이 축나기도 했지만, 어차피 느리게 살기 위해 제주를 택한 것이기 때문에 천천히 조금씩 집을 완성해 나갔다. 계단 원목 작업, 화산송이 깔기, 페인트칠, 폐석 포클레인 등 모든 일에 장비를 동원하고 인부를 불렀으면 적어도 5,000~6,000만 원은 더 초과됐을 것이다.

건축 시공비 정산 내역(2014년 10월 1일 ~ 2015년 5월 30일)

설계 및 인허가	토목	농지 전용비	4,336,920
		측량비	739,200
		수도 설치비	2,000,000
	설계 및 행정	설계비 및 관련 업무비	2,000,000

	인허가	취득세(준공)	1,804,650
		건축취득세	1,804,650
		등기비	15,000
	합계		**12,700,420**
	시공비(정화조)	1차	30,000,000
	철근 콘크리트	2차	40,000,000
	창틀, 전기, 배관	3차	30,000,000
	난방 보일러	4차	10,000,000
	주변 정리	5차	5,000,000
	기타	기와 미장 추가	4,600,000
	소계		**119,600,000**
	건축 부속물	평철 난간대	2,600,000
		난간봉 추가	180,000
		발코니 창틀	1,500,000
		1층 테라스	1,200,000
		2층 테라스	250,000
		창문 안전바	320,000
		2층 안전바	200,000
	소계		**6,250,000**
건축	인테리어	그라인딩	400,000
		제주석 설치	900,000
		울타리 식수	500,000
		벽지	766,000
		핸디 코터	17,000
		페인트(1차)	69,000
		싱크대	1,000,000
		바닥 장판	400,000
		조명	1,000,000
		세면대 교체	700,000
		샤워기 교체	80,000
		수건함	50,000
		잔디 + 운송비	820,000
		모래(3루베)	100,000
		우체통	100,000
		실리콘	20,000
		페인트(2차)	50,000
		개집(황주)	60,000
		야외 테이블	280,000
		정원용 벤치	74,490
		삽, 곡괭이	30,000
	소계		**7,416,490**
	합계		**133,266,490**

정비와
보수

2015년 10월부터 시작한 집 짓기가 7개월 만에 어느 정도 마무리
됐다. 아직도 해야 할 일은 많이 남았지만 이제 어엿하게 사람이 살
수 있는 공간이 됐다. 고생했던 시공 업체 직원들과 이웃들을 불러 함
께 저녁을 했다. 제주에 내려와 처음으로 여유로운 전원생활의 맛을
내 본 것 같다. 힘들고 피곤했던 시간들이 스쳐갔다. 추운 날 생고생
하며 컨테이너에서 지냈던 일, 안 해 보던 노동으로 밤마다 근육통에
시달리던 일, 페인트를 뒤집어쓰면서 천장을 칠했던 밤, 손이 붓고 터
지도록 삽을 쥐고 폐석을 깔았던 날들. 그럼에도 불구하고 내 손으로
직접 집을 짓는다는 것은 얼마나 행복한 일인가. 아직 남은 작업이 많
지만 이제 큰 공사는 대부분 마무리가 됐다. 게다가 단독주택은 집을
다 짓고 나서도 계속해서 보수와 추가 공사가 필요하다.

방수 작업

애초에 꼼꼼하게 작업을 해도 계절이 바뀌거나 자연재해를 맞이하면 다시 보수해야 할 일이 생긴다. 한번은 심한 폭우로 2층 테라스 방수에 문제가 생겼다. 2층 테라스를 통해서 1층 천장에 비가 샌 것이다. 이곳저곳 살펴본 결과 배관통 사이에 틈이 생겨 그곳으로 비가 새는 것 같았다. 2층 테라스에 깔아 놓은 판석과 화산송이를 걷어 내고 배관통 주변에 방수액을 부었다. 방수액이 마른 후 판석도 다시 정리했다.

2층 테라스의 판석을 걷고 방수액을 부었다.

무너진 돌담 세우기

집터를 파기 시작할 때 있었던 담벼락 너머의 소나무 숲이 제주로 이사하고 난 후에 보니 없어졌다. 소나무가 재선충에 걸려 말라 죽는 바람에 도청에서 나와 모두 잘라 버린 것이다. 소나무를 자르는 과정에서 돌담이 무너졌다. 그런데 당시 작업자가 보수를 하지 않고 가 버렸다. 정원을 정비하면서 도청에 민원을 넣었더니 당시 작업자를 찾을 수 없다면서 도청 공무원들이 직접 와서 담을 쌓았다. 이때까지만해도 돌담을 쌓는 일이 일상이 될 줄 몰랐다.

바람이 많은 제주답게 바람의 세기도 엄청나다. 하루 종일 폭우가 쏟아지고 무섭게 바람이 불고 난 어느 아침, 마당 옆 돌담이 다시 무너졌다. 소나무 제거 작업 이후 두 번째다. 바람에 실려 옆으로 내리친 비 때문에 1층 홀이 물바다가 되어 그걸 퍼내고 있는데, 밖에서 엄청나게 큰 소리가 들려왔다. 놀라 뛰쳐나가니 지난번 도청 공무원들이 쌓아 준 돌담이 무너져 있었다.

재선충에 걸린 소나무를 잘라 내는 과정에서 무너진 돌담을 도청 직원들이 고치고 있다.

날이 좋을 때를 기다려 한 달을 훌쩍 넘기고 나서 돌담을 부수했다 한나절 쌓아 올린 끝에 깔끔하게 돌담이 다시 세워졌다. 그러나 다음 날 비가 내려 하루 만에 또 무너졌다.

비바람에 무너진 돌담을 세웠지만 하루 만에 다시 무너졌다.

결국 다시 돌담을 세우면서 시멘트로 바닥에 기초를 다졌다. 그 위에 하나씩 돌을 올리고 중간중간 시멘트로 돌 사이의 틈을 메웠다.

돌담이 다시 무너지는 것을 막기 위해 시멘트로 기초를 다졌다.

시골살이에는 창고가 필수

전원생활에 꼭 필요한 것 중 하나는 창고다. 작업을 하다 남은 자재며 공구 이외에도 창고에 넣어 두어야 할 물건들이 꽤나 많다. 그래서 나는 컨테이너로 창고를 만들기로 했다. 3m×5m 크기의 컨테이너를 260만

원에 제작했다. 컨테이너를 주문하면 단순하게 조립만 해서 보내는 것이 아니라 방처럼 장판도 깔고 조명까지 설치해 준다. 제주에 처음 내려와 살았던 임시 컨테이너와는 비교가 되지 않게 깔끔했다.

주문한 컨테이너는 원하는 위치에 설치해 준다. 나는 마치 별채처럼 집 옆에 컨테이너를 붙였다.

창고용 컨테이너를 제작해 집 옆에 붙였다.

물품의 정리는 종류별로 하는 게 좋을 것 같아서 컨테이너 내부에 선반을 설치하기로 했다. 컨테이너의 길이를 재고, 철근 앵글과 나무 판을 주문했다. 앵글과 판을 조립해서 반나절 만에 선반을 완성해 컨테이너 내부에 장착했다.

컨테이너 내부에는 물품 정리용 선반을 설치했다.

대문을 달다

　제주에서는 대문을 달지 않으려고 했다. 그런데 대문의 필요성이 절실해졌다. 입구를 그냥 개방해 놓으니 지나가던 차들이 마당까지 들어와서 차를 돌리는 바람에 정원의 잔디가 훼손됐다. 대문을 굳이 달아야 한다면 제주의 전통 양식인 정주석과 정낭을 설치하고 싶었는 데, 요즘은 제주에서도 설치한 곳이 거의 없어 구하기가 어려웠다.

　집을 짓고 남은 재료를 이용해 입구에 설치해 보았다. 테라스의 난 간으로 사용되는 재료를 문처럼 양쪽으로 열리도록 하고 오른쪽에는 정원 야외등도 옮겨 놓았더니 그럴듯한 입구가 완성됐다.

마당 입구에 대문을 달았다.

> 과거 제주에서는 정주석과 정낭으로 대문을 대신했다. 정주석은 구멍이 세 개 뚫린 기둥처럼 생겼고, 정낭은 서까래처럼 두껍고 긴 나무다. 정낭을 정주석의 구멍에 가로로 걸쳐 넣는 것이다. 정낭 3개 중 1개가 한쪽만 내려져 있으면 잠시 외출 중임을 나타내고, 3개가 다 내려져 있으면 주인이 안에 있으니 들어와도 된다는 뜻이며, 3개가 다 걸쳐져 있으면 주인이 집을 비웠다는 표시다.

평상에 타프를 치다

제주에서 처음으로 여름을 보내려니 햇볕이 무척이나 따가웠다. 사람도 문제지만 땡볕에 방치된 차가 너무 뜨거워져 그늘막을 설치하기로 했다. 급한 대로 가지고 있는 그늘막을 펼쳐서 그늘을 만들었다. 그늘이 생기니 차를 넣어 두어도 괜찮고, 정원에서 일을 하다 잠깐 햇볕도 피할 수 있는 게 제법 요긴했다. 그래서 평상에도 타프를 설치해 보기로 했다. 정원 평상에 앉아 시간을 보내는 일이 은근히 많은데 비가 오거나 햇볕이 너무 뜨거운 날은 앉아 있을 수가 없다.

타프를 설치할 위치에 길게 널어서 펼친 후 폴대 위치를 잘 선정하고 바닥에 단단히 고정하면 혼자서도 얼마든지 칠 수 있다. 그러나 바람이 너무 심한 날은 타프가 펄럭이거나 날아가지 않도록 접어 두는 것이 좋다. 제주의 바람은 생각하는 것보다 훨씬 강하다.

땡볕에 방치된 차를 위해 그늘막을 설치했다.

평상 위에도 타프를 설치해 그늘을 만들었다.

TIP　타프 Tarp

방수 시트를 뜻하는 타폴린Tarpaulin의 약자이다. 흔히 방수 처리된 그늘막을 말한다. 캠핑 시 텐트 위에 설치해 비와 햇빛을 막을 수 있다.

1층을 카페로 꾸미다

1층을 카페로 꾸미기 위한 작업에 돌입했다. 기본 인테리어만 되어 있는 상황이기 때문에 일단 테이블과 의자가 있어야 했다. 창가에는 직접 만든 테이블을 설치했지만 홀에 어울리는 테이블은 아직 마련하지 못했다. 마침 아내가 서울에서 내려왔을 때 함께 테이블을 보러 갔다. 제주 시내 가구점에 가서 심플한 모양의 테이블과 의자를 구입했다. 앉을 자리를 마련한 것만으로 제법 카페처럼 보였다.

1층에 테이블과 의자를 설치했다.

카페를 운영하던 지인이 가게를 정리하면서 사용하던 커피 머신을 넘겨주었다. 수리가 필요하긴 하지만 좋은 제품이라 고쳐서 써 보기로 했다.

먼저 커피 머신 내부에 엉겨 붙은 커피 찌꺼기를 닦고, 새로 짠 탁자 위에 설치했다. 이후 제주의 수리 업체를 수소문했지만 확실히 고

쳐 주겠다는 곳이 없었다. 할 수 없이 인
터넷을 검색해서 제주로 출장 가능한 커
피 머신 수리 업체를 찾았다. 2주를 기다
려 내려온 기사가 수리 후 설치 작업까지
진행해 주었다. 고장 난 부품을 교체하고
정수기를 설치하고 나니 정상적으로 가
동됐다. 출장비와 더불어 수리 및 설치
비용까지 적지 않은 지출이 있었다. 하지
만 새 제품을 구입하는 것보다는 저렴하
기 때문에 잘 고쳤다는 생각이 든다.

지인에게 받은 커피 머신의 크기가 생
각보다 커서 주방을 다시 재정비해야
할 상황이 됐다.

커피 머신을 수리해 첫 커피를 내렸다.

커피 머신을 고친 다음에는 오디오 장비를 마련했다. 흔히 꿈의 오디오라고 말하는 진공관 앰프를 구입한 것이다. 인터넷을 서치해서 가성비가 좋은 제품을 큰 마음먹고 질렀다. 해외 배송 상품이라 인터넷 직구로 구입을 하고 설레는 마음으로 택배를 기다렸다. 배달이 오자마자 박스를 뜯어 조립을 마친 후 음악을 틀어 봤다. 따뜻하고 부드러운 진공관 음이 디지털과 다른 매력을 선사했다.

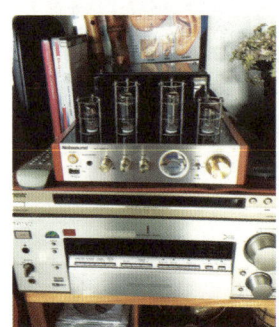 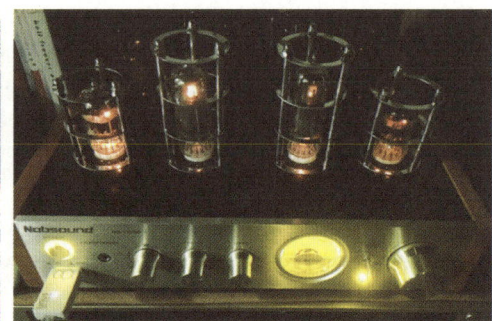

꿈의 오디오, 진공관 앰프를 구입했다.

화목난로 설치

전원 살림에 꼭 필요한 것 중 하나가 바로 화목난로다. 시골에서 단독주택을 지어 살면서 가장 걱정이 되는 부분 중 하나는 난방비일 것이다. 나 역시 생활비를 조금이라도 줄이고 전원생활의 운치를 더하기 위해 화목난로를 설치하기로 했다.

인터넷을 한참 검색해서 귀여운 꼬마 로봇 같은 화목난로를 구입했다. 눈처럼 보이는 부분에 고구마를 넣고 구울 수 있는 서랍이 있는 제품이다. 신제품 출시 기념 세일로 20만 원에 구입했다. 그런데 중량물이라 제주까지 택배비만 17만 원이 들었다. 게다가 스테인리스 연통을 구매하는 데 난로보다 더 비싼 값을 치렀다. 모두 다 합쳐 70만 원 정도를 들여 화목난로를 설치할 수 있었다.

제주에서 비슷한 제품을 구입해서 설치까지 의뢰를 하면 130만 원 정도의 견적이 나온다. 그래서 인터넷으로 난로를 구입하고 설치는 직접 하는 것으로 정했다. 설치 방법은 간단하지만 연통 구멍을 만들기 위해서는 벽을 뚫어야 하기 때문에 다소 까다로운 작업이 기다리고 있다.

먼저 난로를 설치할 위치를 잡았다. 소파를 놓아두었던 창가 쪽 창문 사이 벽을 화목난로 자리로 정했다. 일단 자리에 난로를 가져다 놓았다. 그런데 벽에 구멍을 뚫는 작업이 쉽지 않았다. 연통을 설치하기 위해서는 반드시 구멍을 뚫어야 하는데, 드릴과 망치로는 어림도 없었다. 결국 전문가를 섭외해야 했다.

자리만 잡아 놓은 난로가 두 달째 방치되고 있었다. 제주에 공사가 많아 벽 뚫는 기계를 수배하는 데 한 달 반이나 걸렸다. 먼저 기계를 벽에 고정한 후 수도 파이프를 연결해 물을 공급하면서 벽을 뚫기 시작했다. 구멍을 뚫는 동안 벽과 바닥은 흙과 물이 섞여 엉망이 됐다. 구멍을 뚫고 나서 연통을 설치했다. 연통의 이음새는 은박 테이프로 고정했다. 마지막으로 난로 주변을 벽돌로 쌓았다.

소파 사이를 벌리고 난로를 설치했다.

◁ 화목난로를 설치한다는 소식을 듣고 집을 지을 때 도움을 받았던 외장 공사 시공 업체에서 땔감을 보내 주었다.

◁ 수도 파이프로 물을 공급하면서 벽 뚫는 작업이 진행됐다.

▷ 연통 설치 후 이음새를 은박 테이프로 감쌌다.

　꼼꼼하게 설치 작업을 마친 후 화목난로에 불을 지폈다. 떨리는 마음으로 나무를 잘라서 넣었더니 연기도 새지 않고 불도 잘 붙었다. 다만 처음 사용하는 난로라서 그런지 난로의 칠이 타는 듯한 냄새가 났다. 난로를 처음 구입해서 사용하게 되면 며칠간은 환기에 신경을 쓰는 것이 좋다.

난로 설치 후 불을 붙여 보았다.

테라스 만들기

1층 테라스 앞에 공간을 하나 꾸미기로 했다. 집과 연결된 테라스에 테이블을 설치하기가 여의치 않아서 그 앞에 넓은 테라스를 만들기로 한 것이다. 화단으로 꾸미려고 했던 공간이었지만 과감하게 잔디를 걷어 냈다. 먼저 바닥을 파서 테라스의 기초를 만들었다.

기초를 세우는 작업은 중요하지만 어렵다. 땅을 파는 것도 힘든 일이지만, 거기에 다리를 세우고 수평을 맞추는 일이 가장 어려웠다. 또한, 다리가 주저앉지 않도록 고정하는 것도 쉽지 않다.

일단 땅을 판 자리에 제주석 토막을 깔아 테라스의 하중이나 침수로 인해 다리 목재가 땅 밑으로 내려가는 것을 방지했다. 그 위에 다리를 세우고 각목을 이용해 다리마다 수평을 맞췄다. 수평을 맞춘 다

리는 흙으로 덮어서 단
단하게 고정했다. 콘크
리트를 부으면 더 쉽고
빠르게 고정할 수 있지
만 수리나 보수 작업을
위해 콘크리트 작업은
하지 않았다.

다리를 땅에 묻고 수평을 맞췄다.

튼튼하게 고정한 다리 위에 틀을 연결해서 테라스 뼈대를 만들었
다. 방부목으로 테라스 바닥을 덮기 전에 부식을 막기 위해 테라스 다
리로 쓰이는 받침목에 오일스테인을 칠했다.

다리 위에 테라스의 뼈대를 만들어 올렸다.

테라스의 바닥 부분이 될 방부목은 건재상에 가서 구입했다. 방부
목에도 여러 가지 종류가 있는데, 나는 27㎜ 두께의 방부목을 구입했
다. 앞서 만든 평상의 두께가 12㎜였는데, 테라스는 그보다 두 배 더
두껍고 폭도 더 넓은 것으로 결정했다.

방부목을 만들어 놓은 뼈대 위에 서로 어긋나게 배열했다. 방부목

은 전동드릴을 이용해 나사못으로 고정했다. 끝으로 오일스테인을 칠하는 것으로 작업을 마무리했다. 오일스테인은 투명한 색으로 발라 원목의 느낌을 그대로 살렸다.

건재상에서 구입한 방부목을 나사로 고정했다.

방부목을 깐 이후에는 남은 나무를 이용해 테두리를 세웠다. 완성된 테두리에도 역시 오일스테인을 서너 번 반복해서 칠했다.

몇 달 후에는 2층 테

완성된 테라스는 오일스테인을 발라 마무리했다.

라스 만들기에 도전했다. 애월은 바람이 세서 비가 위에서 아래로 내리지 않고 옆으로 내리친다. 비바람이 심한 날 문을 열어 놓으면 비가 안으로 들이닥친다. 그래서 2층 테라스를 만들기로 결심했다. 1층 테라스 위로 2층 테라스를 올리면 현관으로 빗물이 들이치는 것을 막을 수 있기 때문이다.

2층은 바닥으로부터 높이가 4m가량 되기 때문에 1층처럼 나무로 기둥을 세워서 올리는 것은 어려웠다. 4m 위에서 사람이 오가는 하중을 견딜 수 있도록 하기 위해 100㎜ 각관으로 기둥과 발판을 만들고, 1층 테라스와 마찬가지로 27㎜의 방부목을 바닥으로 사용하기로 했다. 2층 테라스 작업은 좀 더 전문적이기 때문에 업체에 견적을 문의했는데 500만 원이 나왔다. 그래서 기둥과 발판 작업만 70만 원을 주고 업체에 의뢰했다.

업체에 의뢰해 2층 테라스의 골조를 세웠다.

업체에서 나와 약 반나절 만에 골조가 세워지고 기본 작업이 마무리됐다. 이후부터는 내가 나설 차례였다. 우선 골조에 페인트칠을 했다. 기존의 계단 난간 색과 어울리게 검은색으로 칠을 했다. 아래서 올려다보았을 때는 그리 높아 보이지 않았지만 작업을 하기엔 충분히 위험한 높이였기 때문에 주의를 기울였다. 아랫부분은 사다리를 걸쳐 놓고 칠을 하고, 윗부분을 칠할 때는 골조 위로 조심조심 발을 옮기며 뼈대에 페인트칠을 했다. 이렇게 3번을 덧칠해서야 겨우 원했던 색이 나왔다.

해안과 가까운 곳에 집을 지으면 해풍 때문에 철이 금방 녹슨다. 그래서 골조에 방청제를 바르고 그 위에 페인트도 두껍게 몇 번을 덧칠했다. 철근을 사용할 경우에는 녹스는 것을 방지하기 위해 2년마다 다시 페인트칠을 해 주는 것이 좋다.

골조를 검은색으로 칠했다.

바닥에 깔 방부목은 일단 햇볕에 바짝 말린 후 오일스테인을 두 번 칠했다. 방부목에 칠한 오일스테인이 잘 말랐으면 2층에 설치할 차례다. 방부목을 대고 끝부분을 잘라서 길이를 맞춰 깔아야 하는데 가지고

방부목을 햇볕에 말린 후 오일스테인을 칠했다.

있는 공구가 톱뿐이라 진도가 더뎠다. 결국 방부목을 자르기 위해 핸드커터를 장만했다.

핸드커터를 이용해 방부목의 길이를 맞추고 골조에 고정했다.

방부목 설치를 마친 후에는 1층 테라스와 마찬가지로 원목의 색감을 살리는 투명한 오일스테인을 덧칠했다. 마지막으로 방부목 틈새로 비가 새는 것을 방지하기 위해 사이사이에 실리콘을 발랐다.

오일스테인이 마른 후 테이블을 2층 테라스에 올렸다.

그러나 1년 만에 2층 테라스를 재작업했다. 원래는 합판으로 바닥을 깔고 방수포로 방수를 한 다음 방부목을 설치해야 하는데, 작업을 빨리 끝내고 싶은 마음에 방부목과 실리콘만으로 마무리를 했더니 햇볕을 쬐면서 나무가 줄어들어 틈새가 생기고 그 사이로 빗물이 줄줄 샜다.

먼저 2층 테라스 바닥의 방부목을 철거했다. 1년 동안 설치해 두었던 방부목을 철거하려고 하니 박아 놓은 나사못이 녹슬어 잘 빠지지 않았다. 힘들게 못을 뽑고 방부목을 치운 다음 그 자리에 합판을 올렸다. 합판 위에 방수포를 씌우고, 그다음에 방부목을 다시 설치했다. 이번에도 방부목 사이사이를 실리콘으로 메우는 것으로 작업을 마무리했다.

못에 녹이 슬어 잘 빠지지 않았다.

방부목을 철거하고 골조 위에
합판을 먼저 깔았다.

합판 위에 방수포를 깔고 그 위에
방부목을 다시 올렸다.

방부목 사이사이를 실리콘으로
꼼꼼하게 메웠다.

태양광 전기 공사

　지붕과 테라스 쪽에 태양전지판을 설치했다. 자비로 시공 업체를 선정해서 설치할 수도 있지만, 정부 지원금을 받고 설치를 진행했다. 나처럼 정부 지원금이나 지자체 보조금을 받아서 태양광 발전 시설을 설치할 경우에는 에너지관리공단에서 주관하는 태양광 임대 사업으로 설치해야 한다.

　주택용으로 3kW 태양광 전지판을 설치하는 데 정부 지원금 600만 원과 자비 600만 원이 들었다. 자비로 부담하는 금액은 12년 동안 월 5만 5,000원씩 분할 상환하면 된다. 일단 분할 상환금이 매월 내는 전기 요금보다 싸기 때문에 설치하기로 결정했다.

　태양광으로 만든 발전 전기는 우선 집에서 사용하고, 남으면 한전으로 보내게 된다. 그러면 발전량이 적어 전기가 모이지 않는 계절에는 한전에서 저축해 놓은 전기를 받아서 쓸 수 있다.

설치 작업에는 이틀이 걸렸다. 일조량이 좋을 때는 한 달에 500~600㎾의 전기가 모이고, 동절기에는 발전량이 조금 떨어진다. 설치 전에는 500㎾의 전기를 썼을 때 10만 원이 넘는 요금이 나왔는데, 설치 후에는 거의 나오지 않는 것을 보니 확실히 경제적이다.

태양광 발전 시설을 설치하기 위해 프레임을 짜고 있다.

에너지관리공단에서 지정한 업체에서 이틀 동안 태양광 발전 시설을 설치했다.

태양광 발전 시설을 설비한 후 평소와 같이 전기를 사용하는 데도 요금이 훨씬 감소됐다.

TIP 태양광 임대 사업

집을 새로 짓고 정부가 설치 비용을 지원하는 임대 사업을 신청하고 싶다면 임대 사업신청서와 함께 건축허가서를 제출해야 한다. 건축허가서에 단독주택이나 다세대 주택으로 허가가 되어 있어야 한다.

반면, 신축 건물이 아닐 경우에는 전기요금 영수증의 용도란에 주택용으로 전기 보급을 받고 있어야 가능하며, 월 평균 전기 사용량이 490㎾ 이하여야 한다.

최종적으로 에너지관리공단에서 태양광 전기 설치를 승인하면 2개월 안에 설치를 완료해야 한다. 1개월 연장이 가능하기 때문에 사실상 3개월 안에 설치를 마치면 된다.

강아지에게도 집을

제주에 함께 내려온 강아지 황주와 황주의 짝 진범이는 한동안 임시 거처에서 생활했다. 집을 짓는 일이 너무 바빠 일단 비와 햇볕을 피할 수 있게 마당에 작은 집을 마련해 준 것이다.

강아지들이 커서 더 이상 임시 거처에서 지내기가 힘들어졌다.

그러나 강아지들이 제법 자라서 더 이상 집 짓기를 미룰 수 없는 시기가 왔다. 더군다나 황주는 두 달 후 출산을 앞두고 있었다. 그 전에 출산하기 안전한 집을 지어 주어야 한다는 생각에 마음이 조급했다. 일단 기존의 집을 허물어 팔레트를 회수하고 펜스를 사서 조립했다. 급한 대로 지붕은 스티로폼으로 덮었다. 펜스를 설치할 당시는 여름이라 바람막이 벽을 세우지 않았기 때문에 이 역시 완전한 집은 아니었다.

펜스를 조립해 황주의 집을 마련했다.

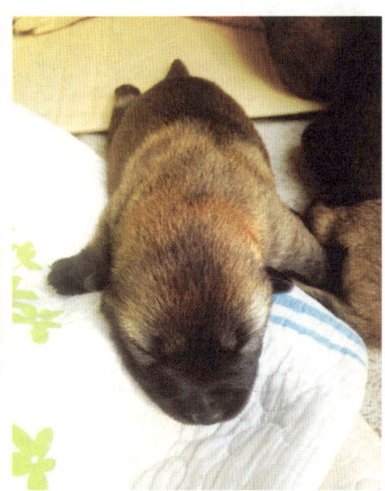

펜스로 집을 만들고 얼마 지나지 않아 황주가 새끼들을 출산했다.

황주 식구들을 위해 바닥에 나무판을 설치해 거실이 있는 집을 지었다.

두 달이 지나 황주가 6마리의 강아지를 출산했다. 이제 대식구가 되어서 본격적인 집을 지어 주어야 한다. 추운 바람과 눈비를 막아 줄 새집이 필요했다. 땔감 나무 중 상태가 좋은 것을 골라 새집의 재료로 사용했다. 강아지들이 밖으로 나올 수 있게 바닥에 나무판도 깔아 주었다.

천장에는 장판을 덮어 비가 새지 않도록 마무리했다.

지붕은 비를 막기 위해 임시로 천막을 덮었는데, 천막을 걷어 내고 장판을 덮어 좀 더 깔끔하게 마무리했다.

태풍으로 지붕이 날아간 황주의 집을 돌담 옆으로 이사했다.

그런데 잘 살고 있던 황주네 집 지붕이 태풍을 맞아 날아가 버렸다. 보수하려다 위치를 옮겨 아예 새로 짓기로 했다. 먼저 집을 옮길 위치를 정리했다. 햇볕이 잘 들고 바람도 없는 돌담 옆에 위치를 잡아 돌을 치우고 재료로 쓸 나무를 옮겼다.

어떤 집을 지을지 머릿속으로 간단하게 설계를 한 후 필요한 부속품과 방부목을 구입했다. 나머지는 가지고 있는 자재를 활용하기로 했다.

방과 거실로 나누어 방에는 스티로폼을 이용해 단열 시공을 했다. 반면 거실은 바람이 잘 통하도록 했다. 겨울에는 방에서 지내고 여름에는 거실에서 생활하는 모습을 상상하며 작업했다.

바닥을 완성한 후 벽체 세우는 작업을 진행했다. 지붕을 올리면 집의 모양이 거의 완성된다.

집의 내부는 스티로폼으로 단열 처리했다.

단열 처리를 하는 동시에 비가 새지 않도록 꼼꼼하게 살피며 지붕을 올렸다.

완성된 집이 마음에 드는지 황주와 진범이가 집 밖으로 나오지 않는다.

내부 시공을 마치고 안에 이불도 들여놨다. 지붕도 올렸는데 방부목이 모자라 한 번에 마감을 하지 못했다. 마침 작업하는 중에 설 연휴가 끼어 건축 자재 가게도 문을 닫았다. 그럼에도 불구하고 새집이 마음에 드는지 황주와 진범이가 집에서 나오지 않았다.

설이 지난 후 지붕 작업을 깔끔하게 마무리했다. 남은 자재를 정리하고 쓰레기를 치우고 나니 제법 집의 모양새를 갖추었다. 마침 황주가 두 번째 출산을 앞두고 있었는데 그 전에 작업을 마무리할 수 있어 다행이었다.

2017년 3월 19일 황주가 예쁜 강아지 다섯 마리를 낳았다. 2015년 10월에 이어 두 번째 출산이다. 탯줄을 끊고 열심히 혀로 핥아 준다. 첫 출산 때는 경험이 없어 허둥지둥 댔는데, 이때는 임신 중에 충분하게 영양 보충도 시키고 출산을 위해 미리 집도 지어 모든 것이 순조로웠다.

내 손으로
만든 정원

○

　전원생활의 로망은 정원 가꾸기가 아닐까 싶다. 단독주택을 짓는 것이 기본 요소라면, 정원을 가꾸는 건 가장 매력적인 옵션이라고 할 수 있다. 자연 속으로 여행을 떠나는 것을 좋아했던 나는 전원생활 중에서도 직접 짓는 텃밭 농사와 정원 가꾸기를 가장 기대하고 있었다. 그 기대를 드디어 이룰 수 있게 된 것이다. 제주에서의 생활이 오래될수록 내가 키운 나무가 자라는 모습을 지켜보고 해마다 피어나는 꽃들을 보게 될 것이라고 생각하니 설렘은 더 커졌다. 그러나 꿈꾸던 것이 현실에서 일어날 때는 차이가 있는 법이다. 정원 가꾸기 또한 마찬가지다. 정원은 마냥 평온한 공간인 것 같지만 맨땅에 정원을 꾸미는 일은 쉽지 않다. 그럼에도 불구하도 무성하고 아름다운 정원을 꿈꾸며 집을 짓는 동시에 정원 만들기에 도전했다.

나무를 구하다

제주에서 민속 오일장이 열리던 날, 꽃 시장에 갔다. 매실나무를 8,000원에 구입하고, 수국 4그루를 2만 원에 샀다. 그다음 장날에는 담팔수나무, 왕벚꽃나무, 대봉감나무, 꽃댕강나무 4그루를 4만 7,000원에 구입했다. 시골 장터는 항상 인심이 후하다. 나무 4그루를 샀더니 꽃댕강나무 2그루를 덤으로 받았다.

제주 민속 오일장에 방문해 나무를 구입했다.

봄이면 새별오름에서 들풀축제가 열린다. 축제 마지막 날에 과실 묘목을 나누어 준다고 해서 일찍부터 새별오름으로 향했다. 선착순이기 때문에 11시부터 줄을 섰다. 나 말고도 많은 사람들이 줄을 섰다. 긴 기다림 끝에 복숭아나무, 미니 사과나무, 황칠나무 묘목을 받았다. 돌아오는 길에는 과수원에서 귤나무도 하나 얻었다.

들풀축제에서 줄을 서 나무를 구했다.

나무를 심다

2015년 가을에 주차장 쪽의 돌담 앞으로 오일장에서 사 온 나무를 맛보기로 심어 보았다. 본격적인 정원 만들기는 2016년 봄부터 시작됐다. 그동안 모아 둔 묘목들을 연이어 심었다. 나무를 심는 방법은 특별할 게 없다. 다만 나무는 뿌리 내리는 것이 가장 중요하기 때문에 얼었던 땅이 녹는 이른 봄에 심는 것이 좋다. 나무를 심을 때는 햇볕이 쨍쨍한 것보다는 날이 조금 흐리고 바람은 없으며 습도가 높은 것이 이상적이다. 나무는 뿌리가 마르기 전에 심는 것이 좋지만, 가져오자마자 당장 심을 수 없다면 뿌리가 건조해지지 않도록 거적 같은 것을 덮고 물을 뿌려 주는 것이 좋다.

돌담 아래, 정원으로 지정한 자리에 묘목을 심었다.

나는 먼저 블루베리, 아사이베리, 라일락, 꾸지뽕나무, 덩굴장미, 철쭉, 대추나무, 무화과나무, 가시오갈피, 두릅나무, 하귤나무, 헛개나무, 호두나무 등 과실수와 꽃나무를 심었다. 나무를 심는 과정은 누구나 알고 있듯이 구덩이를 파고 나무를 심은 후 다시 흙을 덮고 밟아 주는 것이다. 구덩이는 심으려고 하는 나무뿌리의 넓이보다 1.5~2배 정도 넓게 파 주는 것이 좋다. 파 놓은 구덩이에 나무를 세우고 밑거름과 부드러운 흙을 넣는다. 그다음 남은 흙을 섞어 넣는다. 마지막으로 나무를 위로 잡은 상태에서 흙을 잘 밟아 주고 물을 충분하게 뿌린다. 나무를 다 심은 후에는 습기가 빨리 마르는 것을 막기 위해 자잘하게 흙을 뿌려 주거나 나뭇잎을 덮어 주는 것도 좋다.

입구에는 라일락을 2그루 심어 하얀 꽃을 피우도록 했고, 길가에는 빨간 꽃이 필 수 있도록 철쭉을 심었다. 과실수를 심은 다음에는 소나무와 편백나무를 심었다. 현관 앞에는 황금단송 2그루를 심었다. 철쭉 길 출구 앞엔 오엽송을 심고, 언덕엔 해송을 심었다. 바다로부터 불어오는 바람을 막으려고 편백나무 10그루를 심어 방풍벽을 만들기도 했다.

현관 앞에 황금단송 2그루를 심고, 출구 앞에 철쭉을 심었다.

나무를 너무 깊게 심으면 오히려 뿌리가 잘 자라지 못할 수 있으니 바람이 강한 곳이라면 보통보다 약간 깊게 심는 것이 안전하다.

꽃나무를 심은 화단 앞에는 꽃씨도 뿌렸다. 꽃씨를 뿌리는 것은 나무를 심는 것보다 더 간단하다. 먼저 땅을 일구고 돌을 골라 낸 다음 작게 구멍을 만들고 한 구멍에 2알 정도 씨를 넣으면 된다. 흙은 아주 조금만 덮어 준다.

20여 일이 지나자 나무에 새순이 돋았다. 대봉감나무, 매실나무, 복숭아나무, 호두나무에 새순이 돋고 사과나무엔 하얀 꽃이 피었다. 그래 봤자 아직은 어린 나무라 많은 관심과 보호가 필요하다. 집 앞이 울창한 정원이 되기 위해서는 오랜 시간이 지나야 한다.

새로 심은 묘목에 새순이 돋았다.

꽃과 나무 가꾸기

날이 따뜻해지면서 입구 부분에 심었던 줄장미에서 꽃 한 송이가 활짝 피었다. 장미를 시작으로 정원 곳곳에서 조금씩 꽃이 피기 시작했다.

여름이 되니 나뭇가지를 잘라 줘야 할 정도로 자란 나무가 생겼다.

장미꽃을 시작으로 곳곳에서 꽃이 피기 시작했다.

특히 돌담 위의 보리수는 너무 많이 자라서 담을 타고 바닥까지 흘러 내렸다. 그냥 두었다가는 정원 전체를 덮을 기세다. 게다가 나뭇가지를 정원 쪽으로 뻗어서 복숭아나무와 대추나무에 그늘을 만들어 성장을 방해했다.

가을이 되니 봄에 심은 나무들 중 죽은 나무와 계속 자라는 나무가 구별되기 시작했다. 정원 가꾸기에도 초보이다 보니 봄에 심은 나무의 절반쯤이 죽었다. 살아남은 나무는 아직 어려서 눈에 잘 띄지 않았다. 처음 심을 때부터 커다란 나무를 심으면 정원을 한 번에 멋지게 꾸밀 수 있겠지만, 10년 이상 된 나무는 가격부터 만만치 않다. 게다가 무게와 크기가 있다 보니 묘목을 심듯이 혼자서 작업을 하기엔 힘에 부친다.

보리수 가지 몇 개만 잘랐는데도 나뭇가지가 한 아름이다. 자른 나뭇가지는 잘 말려서 겨울에 화목난로 땔감으로 쓴다.

봄에 심은 철쭉은 거의 절반이 죽었다. 정원 잔디와 도로 사이의 경계를 붉은 철쭉으로 나누려고 했는데 실패한 것이다. 그 자리를 다시 황금측백나무 12그루로 채웠다.

철쭉을 심었던 자리에 황금측백나무를 다시 심었다.

1년이 지나 봄이 오자 살아남은 나뭇가지에 싹이 돋았다. 1년이 지나도 자라지 않거나 죽은 나무를 대체하기 위해 다시 농장에 가서 나무를 구입했다. 먼나무는 빨간 열매가 예쁘니 집 중앙에 심고, 역시나 빨간 열매의 호랑가시나무 3그루는 담벼락 앞에 심어 포인트를 줬다.

왕벚꽃나무는 강아지 집 뒤에 심어 그늘을 만들기로 했다 가장 비싼 값에 산 노란 산수유나무는 돌담 중앙에 심었다. 밭 주변에는 방풍 및 약용으로 쓰기 위해

정원 만들기를 시도하고 1년이 지나 미처 자라지 못한 나무를 대체하기 위해 새로운 나무를 심었다.

황칠나무 30그루를 심었다. 나무를 조금이라도 저렴하게 사고 싶다
면 농장에 찾아가서 직접 실어 오는 것도 좋은 방법이다.

봄을 맞아 목련이 꽃망울을 맺고, 산수유가 노란 꽃을 피웠다. 겨울에 피었던 동백꽃은 아직도 남아 붉
은 꽃잎을 보이고, 1년 전에 심은 매실도 하얀 꽃을 피웠다.

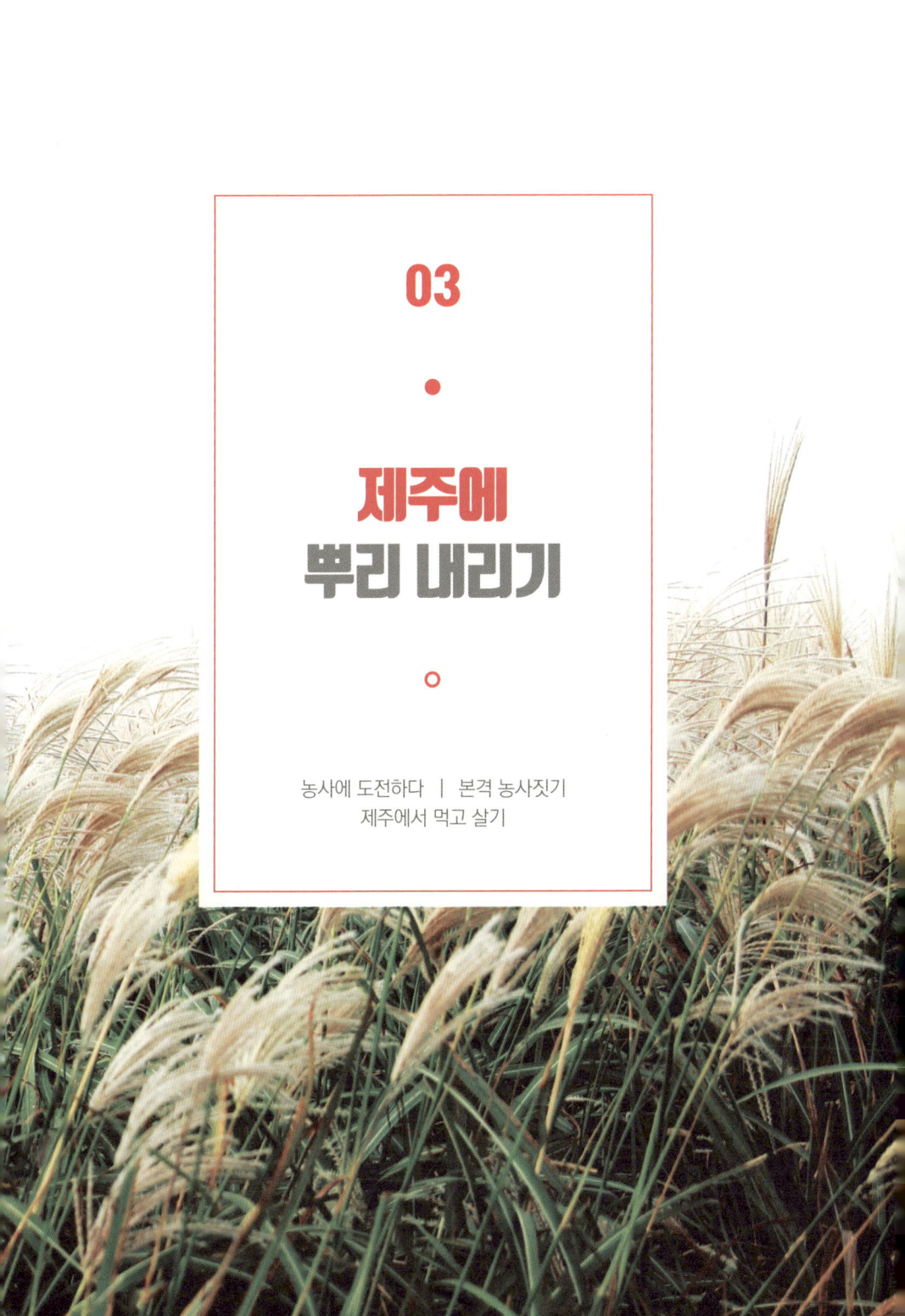

03

·

제주에
뿌리 내리기

○

농사에 도전하다 │ 본격 농사짓기
제주에서 먹고 살기

농사에
도전하다

ㅇ

집을 짓고 기본적인 정비를 끝내고 나니 드디어 제주살이가 시작됐다는 실감이 든다. 집을 정비하고 난 후에는 농사를 시작해 보기로 했다. 집을 지은 자리와 앞마당 외에도 집 뒤로 꽤 넓은 땅이 남았다. 나중에 다른 무언가를 할지도 모르지만 일단 작물을 키우기로 했다. 그러나 당연하게도 농사짓기는 생각보다 쉬운 일이 아니었다. 귀농귀촌 아카데미를 다니며 이미 갈아 놓은 밭에서 농사꾼 흉내를 조금 내 본 것으로 배포 좋게 농사를 시작하려니 땅은 왜 이리도 넓은가. 씨 뿌리기 전 밭을 갈고 농사지을 띵을 만드는 삭업이 이토록 힘든 줄 미처 몰랐다. 겨우겨우 씨를 뿌리고 나면 무성하게 자란 잡초와 농작물이 서로 사이좋게 어울리고 있다. '시골살이 1년 차는 풀과의 전쟁, 2년 차는 벌레와의 전쟁, 3년 차는 병균과의 전쟁'이라고 하더니 그 말 그대로였다.

밭을 갈다

농사짓기 1단계 작업은 밭을 가는 것이다. 내가 산 땅은 농사를 짓고 있던 곳이 아니었기 때문에 황무지처럼 돌이 널려 있고 듬성듬성 잡초가 자라는, 누가 봐도 방치된 땅이었다. 그래서 집을 짓는 동안 밭에 제초제를 뿌려 두었다.

겨울이 지나고 집 짓기가 어느 정도 마무리될 쯤 슬슬 뒷밭에 농작물을 심어 보고 싶어서 밭을 정비했다. 집 짓기와 마찬가지로 농사 역시 초짜였기 때문에 갖추고 있는 장비는 변변치 않았다. 제초제를 뿌려 둔 땅을 파서 갈고 다시 고르게 펴는 작업은 이웃집의 트랙터를 이용했다. 뒷밭에 소박하게 농사를 지을 생각이었기 때문에 트랙터 같은 전문적인 장비는 장만할 수 없었다. 하지만 무엇이라도 심고 자랄 수 있는 땅을 만들기 위해서는 재배 가능한 환경을 먼저 만들어 두어야 한다. 때문에 밭을 가는 작업은 필수적이다. 트랙터를 빌릴 수 없다면 경운기나 관리기 등을 이용하는 방법도 있지만 아무래도 손품이 많이 든다.

TIP 제주 농업기술원 agri.jeju.go.kr

제주 농업기술원 사이트에 접속하면, 제주 각 지역의 농업기술센터를 찾아볼 수 있다. 북부 지역은 '제주농업기술센터', 남부 지역은 '서귀포농업기술센터', 동부 지역은 '동부농업기술센터', 서부 지역은 '서부농업기술센터'에서 원하는 정보를 얻을 수 있다. 농기계 임대 사업을 비롯해 각 지역에 특화된 농작물을 기르는 농업 기술과 각종 영농 정보를 확인할 수 있기 때문에 제주에서 농사를 짓는다면 필수적으로 알고 있어야 하는 사이트다.

곡괭이와 삽으로 작업했으면 며칠이 걸렸을지 모를 밭 갈기 작업을 이웃집 트랙터를 이용해 30분 만에 끝냈다.

　농사일을 하기 위해서는 의외로 갖추어야 할 장비가 많다. 쟁기나 낫 같은 기초 도구부터 트랙터, 콤바인 등 전문적인 농기계까지 그 종류가 무척이나 다양하다. 전문적인 농사를 짓고 싶다면 농기계는 농촌 생활의 필수품이다. 나처럼 생계와 상관없이 농사에 한번 도전해 보는 것이라면 전문적인 농기계까지 필요하진 않지만, 농부가 되기 위해 귀농했다면 자신이 키울 작물과 농사 규모에 어떤 농기계가 필요한지도 생각해 보아야 한다.

　물론 무턱대고 비싼 농기계를 종류별로 갖출 필요는 없다. 작물에 따라 필요한 농기계가 다르고, 농사 규모에 따라 같은 용도라도 트랙터가 필요할 수도 있고 경운기나 관리기 정도로 충분할 수도 있다. 고작해야 일 년에 한두 번 정도밖에 사용하지 않는 기계라면 임대를 하는 것도 좋은 방법이다. 각 지방자치단체나 농협에서 농기계를 대여해 주고 사용 방법 또한 교육하는 곳이 많으니 사전에 미리 알아 두면 유용하다.

제주도 농업기술센터 농기계 임대 사업

대여 조건	· 농작업 안전공제(상해보험)에 가입되어 있는 사람 · 농기계 교육을 이수한 경험이 있는 사람
대여 기간	1회 1~3일 이내
임대 농기계 종류	트랙터, 농용 굴삭기, 파쇄기, 로터리, 콤바인, 파종기, 퇴비 살포기, 비료 살포기, 동력 제초기 등
대여 가격	기종별 책정(트랙터 4만 8,000원, 파종기 1만 2,000원, 굴삭기 4만 1,000원 등)

고가 농기계의 경우 구입 시 정부에서 보조금을 지급하기도 하며, 농기계에 사용되는 연료에 면세 혜택이 제공되기도 한다. 그러나 시설 보유 현황과 경영 사실 신고 등의 절차를 거쳐야 하므로 직업 농부에게 유효한 방법이다.

농업을 하지 않더라도 지속해서 농사를 지을 계획이라면 소형 트랙터 정도는 구입해 두는 것도 좋다. 가장 많이 사용하는 농기계이기도 하고, 그만큼 수요가 많아서 대여가 쉽지 않을 수 있기 때문이다. 반면, 파종기나 수확기 같은 것은 작물이나 땅의 성질에 따라 맞지 않을수 있으니 임대를 하거나 마을의 다른 농부들이 사용하는 기종을 살펴본 후 신중하게 구입해야 한다.

보통 농기계 임대 사업은 시·군의 농업기술센터나 지역 농협 등에서 운영하지만, 마을 농가에서도 임대 사업을 진행하는 경우가 종종 있다. 농가에서 임대할 경우 면적당 작업 비용을 지불하거나 서로 품앗이로 비용을 해결하기도 한다.

TIP 농기계의 종류

트랙터

일반적으로 트랙터는 무거운 물건을 트레일러에 싣고 끌어 나르는 작업용 자동차다. 흔히 견인차를 생각하면 된다. 농업에서는 여러 가지 기기를 연결하여 동력을 공급함으로써 농사를 손쉽게 하는 농기계를 말한다. 수많은 작업기를 연결하여 다양하게 사용할 수 있어 농업의 필수품이기도 하다.

트랙터의 기능은 크게 세 가지로 구별할 수 있는데, 첫 번째는 쟁기나 트레일러 등을 장착해 끌고 주행하는 기능이다. 두 번째는 로터리 등을 장착해 풀을 베거나 흙을 고르는 등 회전력을 주는 기능이다. 세 번째는 유압 장치를 이용해 작업기를 땅에서 끌어올릴 수 있는 기능이다. 보편적으로 이용되는 트랙터 외에 과수원용, 경사지용 등으로 특수 제작된 트랙터도 있다.

쟁기	트랙터에 장착하는 기본 농기계로 단단해진 땅을 갈아엎는 역할을 한다.
로터리	트랙터 뒤에 다는 작업기로 흙덩어리를 잘게 부숴 가루로 만든다. 쟁기와 함께 트랙터를 구입할 때 필수적인 옵션이다. 유압 장치, 하우징, 기어 부속, 칼날 등이 부착되어 있어 쟁기보다 가격이 비싸다. 트랙터 구입 시 마력 수를 결정짓는 중요한 요인이 되기도 한다. 크기에 따라 칼날 부착의 개수에 차이가 있다.

콤바인

농작물을 베고 탈곡하는 기계로 수확기라고도 한다. 베는 일과 탈곡하는 일을 동시에 수행하기 때문에 '결합하다'라는 뜻의 combine으로 불린다.

이앙기

모를 옮겨 심는 기계를 말한다. 모심개라고도 불리는데, 우리나라와 같이 벼농사를 하는 지역에서 널리 쓰이는 농기계이다.

경운기

경운기는 크게 보면 트랙터의 일종으로 분류할 수 있는데, 괭이나 쟁기를 대신해 논밭을 갈아 일구는 기계다. 뒤에 기기를 연결해 경운기를 밀면서 사람이 같이 따라 걷는 형태로 작업하기 때문에 보행형 트랙터로 볼 수 있다. 일반적으로 가장 널리 알려진 농기계이며, 트랙터보다 작고 차체도 가볍다.

관리기

농사에 이용되는 다목적 관리기를 말한다. 트랙터 및 경운기 등과 같이 밭을 가는 일에 사용되기도 하고 씨를 뿌리고 멀칭을 하는 등 다방면으로 응용되기 때문에 관리기라고 통칭하곤 하는데, 소형 트랙터라고도 불린다. 생김새와 사용 방법이 경운기와 비슷하지만 더 작고 간편하다.

트랙터로 밭을 갈아 두고 로터리 작업을 한다고 해서 바로 작물을 심을 수 있는 건 아니다. 작물을 심을 수 있도록 고랑을 파고 이랑을 만들어야 한다. 이 작업 역시 삽과 쟁기만 가지고 하기엔 많은 시간과 노동력이 필요하다. 그래서 이번에는 이장님에게 빌린 경운기를 이용했다.

고랑	두둑한 땅과 땅 사이 길고 좁게 들어간 곳
이랑(두둑)	밭 가장자리에 경계를 이룰 수 있도록 두둑하게 만든 것

제주에 내려오기 전 귀농 아카데미에서 실습할 때 구경만 했던 경운기를 직접 운전해 볼 수 있게 된 것이다. 간단하게 운전 방법을 배우고 시동을 걸었다. 기어를 넣고 전진과 후진을 시도해 본 후 밭갈이 로터리를 가동시켰다. 경운기는 면허가 필요 없기 때문에 운전 방법은 그다지 어렵지 않지만 능숙하게 균형을 잡기 위해서는 연습과 경험이 쌓여야 한다.

이장님의 30년 된 경운기는 연식에 비해 힘이 좋지만 초보자가 시동을 걸기는 조금 힘들다. 그러나 냉각수 통에서 물을 다 빼고 뜨거운 물을 다시 채워 넣은 후 몇 번 예비 동작으로 시동 바를 돌리다가 순간적으로 확 잡아채면 신통방통하게도 시동이 걸린다.

경운기에 기어를 넣고 밭갈이 로터리를 가동시켰다. 몇 번 해 보니 약간 감이 잡히지만 보기보다 힘든 작업이다.

밭을 갈다 나온 돌로 돌담 쌓기

돌이 많은 제주답게 땅을 팔 때마다 돌이 나온다. 밭을 갈다가 나온 돌은 돌담을 쌓기 위해 따로 모았다. 쌓다 가 무너뜨리기를 몇 번 반복하고 난 후에야 밭 옆에 낮은 돌담을 세웠다. 큰 돌을 밑에 쌓고 중간 돌을 그 위 에 올리고 작은 돌을 가장 위에 쌓는다. 쌓다 보면 중간에 공간이 생기기 때문에 그 때그때 적당한 크기의 돌을 골라 채워야 한다. 돌담 사이 구멍으로 바람이 빠져나가 담이 무너지는 걸 방지하기 때문에 미세한 구멍까지 모두 메울 필요는 없다.

텃밭 가꾸기

제주로 이주한 후 처음 맞는 봄에는 본격적인 농사를 짓기 전 워밍업으로 텃밭을 꾸몄다. 텃밭에서 키운 작물로 먹을거리를 충당하기 위해 다양한 모종을 구입했다. 장에서 아삭이고추, 방울토마토, 청상추, 적상추, 치커리, 깻잎, 애호박, 가지, 늙은호박, 완두콩 등을 3만 2,000원에 구입했다. 모종을 심고 20일 정도 지나자 상추와 치커리가 따먹을 만하게 자랐다. 50일 정도 지나자 애호박과 방울토마토도 제법 태가 났다.

장에서 사 온 모종을 텃밭에 심었다.

20일 정도 지나자 모종이었던 치커리와 상추가 제법 자랐다.

여름에는 가을을 대비해서 고추 모종을 심었다. 9월이 되자 고추가 익긴 했는데, 초보의 손길 때문인지 거뭇거뭇하고 그다지 크지도 않았다. 20일 정도를 더 익힌 후 그중에서 제법 빨갛게 익은 고추를 골라서 수확했다.

처음 시도한 텃밭 농사를 통해 수확의 기쁨을 경험했지만, 좀 더 그럴듯한 수확물을 얻기 위해서는 더 많은 정성과 노력이 필요했다.

△ 수확한 고추를 정원에서 자연 건조로 말렸다.

◁ 당근을 꼭 심어 보고 싶었는데, 심는 시기를 조금 놓쳐서 크게 자라지 못했다.

1년 후인 정착 2년 차에는 좀 더 계획적으로 텃밭을 꾸몄다. 이번에는 제법 능숙하게 경운기를 이용해 밭에 골을 내고 보기 좋게 고랑을 만든 후 모종을 옮겨 심었다. 꽃상추, 청상추, 깻잎, 대파, 소박이용 오이, 노각, 애호박, 가지, 옥수수, 아삭이고추, 꽈리고추, 청양고추, 참외, 수박, 방울토마토, 토마토, 케일, 부추 등을 구입했다. 내 텃밭 정도의 규모에 얼마큼의 농작물이 심어지는지 감이 잡히지 않아서 대충 사 온 모종을 심었는데 턱없이 모자랐다. 그래서 장날을 기다렸다가 추가로 모종을 사 왔다.

텃밭 가꾸기 2년 차에는 좀 더 다양한 모종을 구입했다.

마침 모종을 심자마자 비가 내렸는데, 다행히 고랑으로 물이 잘 빠져나가 골을 낸 보람이 있었다.

텃밭에서 자라고 있는 채소 모종들

텃밭 가꾸기 과정

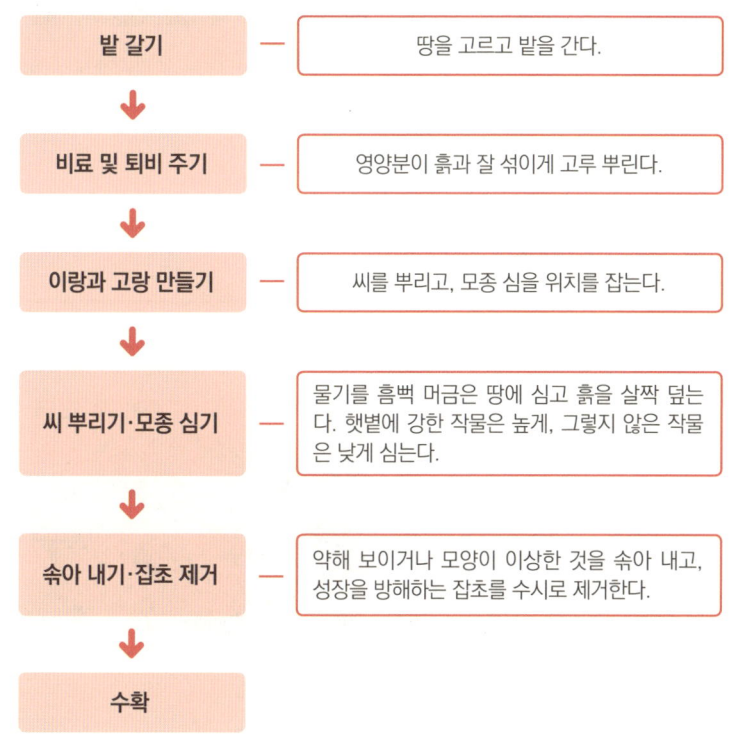

밭 갈기	—	땅을 고르고 밭을 간다.
비료 및 퇴비 주기	—	영양분이 흙과 잘 섞이게 고루 뿌린다.
이랑과 고랑 만들기	—	씨를 뿌리고, 모종 심을 위치를 잡는다.
씨 뿌리기·모종 심기	—	물기를 흠뻑 머금은 땅에 심고 흙을 살짝 덮는다. 햇볕에 강한 작물은 높게, 그렇지 않은 작물은 낮게 심는다.
솎아 내기·잡초 제거	—	약해 보이거나 모양이 이상한 것을 솎아 내고, 성장을 방해하는 잡초를 수시로 제거한다.
수확		

상추

잘 자라는 온도 : 15~20℃

햇빛 : 빛에 큰 영향을 받지는 않지만, 충분히 쪼여 주는 것이 좋다.

토양 : 토양에 대한 적응력이 뛰어나 어디서든 잘 자란다.

상추는 비교적 서늘한 기후에서 잘 자라는 채소다. 더위에 약하기 때문에 온도가 높아지면 쓴맛이 증가하고 여러 가지 병에 걸리기 쉽다. 물은 매일 충분히 주어야 하는데, 수확하기 전에 물을 뿌리면 흙이 튀어 잎이 지저분해지므로 수확을 한 후에 물을 주도록 한다. 잎상추는 30일 무렵부터 수확이 가능하며, 겉잎부터 차례로 뜯어 수확한다.

토마토

잘 자라는 온도 : 25~27℃

햇빛 : 강한 광선을 좋아해 햇빛을 충분히 쪼여 주는 것이 좋다.

토양 : 과한 습기에 약하기 때문에 적당히 건조하고 물이 잘 빠지는 토양이 좋다.

비와 바람에 쓰러지는 것을 막기 위해서 심은 후 10일 정도 지나면 지지대를 꽂아 잡아 주어야 한다. 물은 보통 2~3일 간격으로 주고, 곁가지를 제거할 때는 체내 수분 함량이 많은 오전 중이 좋다. 저온기에는 45~50일, 고온기에는 35~40일이면 수확할 수 있다.

고추

잘 자라는 온도 : 23~27℃

햇빛 : 빛에 큰 영향을 받지는 않지만, 충분히 쪼여 주는 것이 좋다.

토양 : 수분이 풍부하고 물이 잘 빠지는 토양이 좋다.

고추 역시 비와 바람에 쓰러지는 것을 막기 위해서 심은 후 10일 정도 지나면 지지대를 꽂아 끈이나 줄로 식물체를 잡아 묶어 준다. 물은 보통 4~5일 간격으로 준다. 풋고추는 꽃이 피고 15일 정도, 홍고추는 45~50일 정도 지나면 수확할 수 있다. 과실을 맺고 시일이 지날수록, 자라는 온도가 높을수록 매운맛이 강하다.

당근

잘 자라는 온도 : 18~21℃

햇빛 : 빛에 큰 영향을 받지는 않지만, 충분히 쪼여 주는 것이 좋다.

토양 : 분이 풍부하고 물이 잘 빠지는 토양이 좋다.

당근은 모종으로 심기보다는 직접 씨를 뿌려서 키우는 것이 좋다. 당근은 뿌리를 재배하는 작물이므로 땅을 깊이 파고, 이랑을 만들어 주어야 한다. 물을 줄 때는 한 번에 충분히 준다. 지나치게 자주 줄 경우 수확 시 뿌리 표면이 거칠어지고 잔뿌리가 많아진다. 땅 표면이 마른 경우가 아니라면 7~10일 간격으로 물을 주는 것이 좋다. 당근 뿌리가 햇볕에 노출되면 어깨 부분이 붉어지므로 노출되지 않도록 흙으로 덮어 주어야 한다. 씨를 뿌린 후 90~120일이 지나면 수확할 수 있다.

배추

잘 자라는 온도 : 18~20℃

햇빛 : 충분히 쪼여 주는 것이 좋다.

토양 : 땅이 깊고 물이 잘 빠지는 가벼운 토양이 좋다.

물을 충분하게 준 다음 마른 흙으로 다시 덮어서 물의 증발을 막아 뿌리의 활착을 유도하는 것이 좋다. 가을 재배의 경우 생육 초기에 온도가 높아 벌레가 많이 생기므로 유의해야 한다. 생육 초기 잎이 연할 때 벌레가 많이 생기면 배추 안으로 벌레가 들어가서 수확하기 어려운 경우도 발생한다. 물은 보통 4~5일 간격으로 준다. 배추의 가운데를 위에서 눌렀을 때 약 1㎝ 정도 들어가면서 약간 단단하게 느껴질 때 수확하면 된다.

파

잘 자라는 온도 : 20℃ 전후

햇빛 : 충분히 쪼여 주는 것이 좋다.

토양 : 수분이 많으면 잘 자라지 못해 물 빠짐이 잘되는 토양이 좋다.

파가 쓰러지는 것을 막고 줄기의 하얀 부분을 길게 하기 위해 파 아랫부분에 흙을 덮어 주는 작업을 진행해야 하는데, 이걸 '북주기'라고 한다. 뿌리 부분이 덮이도록 1~3㎝ 두께로 흙을 눌러 주면서 심는다. 파는 뿌리로 호흡하기 때문에 많은 산소를 필요로 한다. 따라서 파를 심을 때 골에 볏짚을 넣어 주면 뿌리 주변에 공간을 만들어 주어 공기가 원활히 공급될 수 있다. 첫 번째 북주기는 심고 한 달 후, 마지막 북주기는 수확 한 달 전쯤에 한다.

오이

잘 자라는 온도 : 20~22℃

햇빛 : 빛이 부족하면 기형 발생이 증가해 충분한 햇빛이 필요하다.

토양 : 유기물이 풍부하고 물 빠짐이 좋은 식양토가 좋다.

오이는 열매가 달리면 양분이 열매 키우는 데 집중되므로 원줄기 6~7마디까지 달리는 암꽃은 일찍 제거하도록 한다. 줄기 아래 부분의 늙은 잎부터 따 주고, 과실 1개를 수확하면 1~2개의 잎을 제거한다. 아랫잎은 노화되면서 누렇게 되는데 영양분을 소모하고 병도 올 수 있어 지저분해진 잎은 잘라 준다. 병이 발생하면 방제하기가 어렵기 때문에 같은 장소에 박과 작물(수박, 오이, 참외, 멜론, 호박 등)을 계속해서 재배하지 않도록 한다. 심은 후 약 30일 전후면 수확이 가능하다.

가지

잘 자라는 온도 : 22~30℃

햇빛 : 충분히 쪼여 주는 것이 좋다.

토양 : 토양에 대한 적응력이 뛰어나 어디서든 잘 자란다.

모종의 흙이 약간 보일 정도로 너무 깊지 않게 심고 물을 충분히 준다. 모종을 심고 나서 지지대를 이용해 가지 줄기를 묶어 준다. 햇빛을 좋아하는 작물이기 때문에 가지를 넓게 벌려 햇빛을 잘 받도록 한다. 아랫잎을 따 바람이 잘 통하게 하고, 병든 잎과 늙은 잎도 일찍 따 주어야 튼튼한 가지가 열린다. 비가 내리지 않을 때는 4~5일 간격으로 물을 주고, 비가 자주 내릴 때는 물이 잘 빠지도록 배수로를 깊게 만든다. 토양에 물이 너무 많으면 뿌리가 썩고 병 발생도 많아진다. 보통 개화 후 10~20일경에 수확한다. 너무 익으면 쓴맛이 생긴다.

잡초와의 전쟁

집의 이곳저곳을 정비하느라 잠깐 손을 놓으면 어느 사이에 풀이 온 밭을 뒤덮어 버린다. 새벽에 일어나서 풀을 뽑았는데, 저녁이면 그 자리에 다시 새 풀이 돋아나는 것만 같다. 제초제를 뿌려 볼까 생각도 해 봤지만 이미 밭 한 귀퉁이에 모종을 심고 호박씨도 뿌렸기 때문에 그만 뒀다. 농사에 큰 욕심이 있는 것도 아닌데 할 수 있는 만큼 일하고 소박하게 수확하자고 생각했다. 막상 잡초를 뽑고 나면 푸르게 정돈된 밭이 또 그렇게 예쁠 수가 없다. 그래서 마치 중독된 사람처럼 힘이 들어도 풀을 뽑게 된다.

◁ 잡초로 뒤덮인 밭을 정리했다.

△ 쭈그리고 앉아 풀을 뽑다 보니 무릎과 허리가 아파 작업 의자를 하나 장만했다. 풀 뽑을 때도, 텃밭 가꿀 때도, 농사를 지을 때도 유용한 농촌 생활의 필수품이다.

맨손으로 잡초 뽑기에 한계를 느낄 때쯤 이웃집에서 예초기라는 것을 빌렸다. 예초기를 사용하면 순식간에 풀이 잘려 나간다.

봄부터 시작됐던 잡초와의 전쟁은 여름이 한창 무르익고 나서야 끝났다. 처음 지었던 호박 농사는 잡초 때문에 잘 자라지 못해 결과가 썩 좋지 않았다. 판매할 것이 아니라 신경 쓸 일이 적다 해도 무언가 작물을 키우고 농사를 짓는 일은 여간 부지런해서 되는 일이 아니다. 머리는 단순해지는데 몸은 바쁘기 그지없다.

예초기를 이용해 잡초를 제거하기 시작했다.

잡풀을 모두 베어 버리려다가 강아지풀이 예쁘게 피어 조금 남겨 두었다.

TIP 예초기刈草機

풀을 깎는 기계를 말한다.
참고로 예취기刈取機라는 것도 있는데, 곡식과 풀을 베는 기계지만 예초기와는 다르게 수확을 위한 용도이다.

잡초는 텃밭도 예외가 아니다. 잠깐만 관리를 소홀히 해도 어느 사이에 텃밭을 덮어 버린다. 약을 치거나 멀칭을 하는 방법 등이 있지만, 큰 욕심 없이 텃밭 농사를 시작한 나는 그저 부지런하게 잡초를 뽑고 또 뽑는 것으로 최선을 다하기로 했다.

열무밭에 가득한 잡초를 뽑고 나니 열무가 보인다.

수확의 즐거움

텃밭을 일구고 가장 먼저 수확한 채소는 상추와 치커리였다. 상추와 치커리 같은 쌈 채소는 비교적 키우기 싶고 자라기도 잘 자란다. 반면, 비슷한 시기에 심은 대파와 부추는 아직 더 자라야 한다. 솎아 주기 위해 뽑은 상추와 치커리만으로도 이미 한 바구니가 차고 넘쳤다. 텃밭에서 키운 상추라서 그런지 확실히 사서 먹었을 때와는 고소함이 달랐다.

텃밭에서 처음으로 상추와 치커리를 수확했다. 파도 훌쩍 자랐지만 수확을 하기 위해서는 좀 더 기다려야 한다.

　사람도 때가 되면 식사를 하듯이 작물도 주기적으로 물을 먹어야 한다. 매일 물을 주며 들여다보면 어느샌가 열매가 하나씩 달려 있다. 오이와 고추가 먼저, 토마토와 참외는 그보다 좀 늦다. 매일 들여다보는데도 농작물들은 하루가 다르게 자라면서 어느 날 갑자기 꽃을 피우고, 열매를 맺는다.

물을 주면서 살펴보니 고추 열매가 하루가 다르게 늘어났다.

고추 다음으로 토마토와 오이가 열렸다.

장마철을 보내고 나면 텃밭의 열매들이 깜짝 놀랄 만큼 주렁주렁 매달려 있다.

    보통 여름에는 새벽 동이 트면서부터 밭일을 시작한다. 10시쯤만 되어도 햇볕이 뜨거워져 바깥일을 하기 힘들기 때문이나. 농작물은 얼마나 부지런히 움직이느냐에 따라 결과물이 확연히 달라진다. 심을 때도 물론 정성을 다해야 하지만, 물 주는 것과 퇴비 챙기기, 잡초 뽑기를 게을리하면 금방 결과가 달라진다.

자리를 잡은 모종들은 무르익으면 날마다 수확물을 내놓는다. 혼자서 먹기에 벅찰 정도다. 텃밭에서 수확을 시작한 이후로는 마트에 간 날도 까마득하다. 그렇다고 시장에 내다 팔 정도로 많진 않고, 농약을 주지 않고 키우다 보니 팔 만큼 모양이 예쁘지도 않다. 그래서 늘 다음번에는 먹을 만큼 적당한 양만 심어야겠다고 다짐한다.

△상추, 호박, 가지, 꽈리고추, 노각, 토마토, 옥수수를 땄다. 파는 것처럼 예쁘지는 않지만 유기농으로 키워서 맛도 좋고, 건강에도 최고다.

◁ 텃밭에 여주가 주렁주렁 달렸다. 여주는 열매가 파랗게 매달렸을 때 따서 말린 후 차로 마시는 게 좋다.

제주의 가을 햇볕은 뭐든 말리기 좋다. 미처 다 처리하지 못한 농작물을 가을 햇볕에 말려 두면 겨우내 먹거리로 활용할 수 있다.

무농약으로 키워 모양과 색은 일관되지 않지만, 나름 고운 고추만 골라 평상에 말리고 있다.

　　무농약으로 키운 태양초 고추는 오일장이 열리는 날 방앗간에 가져가 빻았다. 아침저녁 정성을 들여 말렸더니 제법 고운 빛깔의 고춧가루가 되었다. 평상 가득 말린 고추를 빻으니 3kg의 고춧가루가 됐다.

생애 처음으로 직접 키운 고추로 고춧가루를 만들었다.

장에서 사 온 블루베리 모종에서 열매가 파랗게 익어 가고 있다.

블루베리는 뿌리가 마르지 않도록 흙이 항상 촉촉해야 하는 동시에, 뿌리가 썩지 않게 통기성도 좋아야 잘 자란다. 따라서 조금씩 자주 물을 주는 것이 좋다. 블루베리 열매는 한 번에 익지 않고, 한 송이에서도 한 알 한 알이 익는 속도가 다르다. 대략 1~2주 정도 지나면 파란 열매를 수확할 수 있다.

제주 민속 오일장

제주 민속 오일장은 누구나 갈 수 있지만 아무 때나 갈 수 있는 건 아니다. 매월 2일과 7일로 끝나는 날에만 열리기 때문이다. 시장의 양 끝으로는 음식점이 있고, 야채부, 수산부, 종합부, 청과부 등 품목별로 구역이 구분되어 있어 체계적이다. 나는 주로 모종이나 씨앗을 구입하러 가는 편이다.

특별히 살 것이 있을 때나, 살 것은 없지만 마침 특별히 할 일이 없을 때 오일장 구경을 간다. 생활 용품부터 모종, 묘목 등 필요한 것도 많고, 군것질거리도 맛있다. 어느새 오일장은 제주 생활에서 매번 들려야 하는 필수 코스가 되었다.

가을 텃밭 농사

가을에 맞는 작물을 심기 위해 봄에 심었던 작물을 모두 거두고 텃밭을 정리했다. 여름 내내 수확했던 상추, 치커리, 방울토마토를 뽑았다. 가을에도 수확이 가능한 고추, 가지, 호박, 파, 부추는 남겨 두었다.

가을 작물을 심기 위해 여름 작물을 뽑아내고 밭을 정리했다.

정리한 텃밭에 퇴비와 비료를 뿌렸다. 그런 다음 살충제를 흙에 섞고 나서 경운기로 밭을 갈았다. 밭을 간 후에는 다시 경운기를 이용해 이랑과 고랑을 만들어서 가을 모종 심을 준비를 마쳤다. 가을 작물로는 김장용으로 쓸 배추와 무, 쪽파, 마늘을 선택했다.

먼저 시내 모종 가게에서 산 배추 모종 50개와 방울양배추 5개, 그리고 이장님에게 받은 비트 100개를 세 이랑에 심었다. 모종을 심은 후에는 자리를 잡을 수 있도록 물을 흠뻑 줬다. 아직 네 개의 이랑이 더 남았는데, 곧 열릴 오일장에서 파 모종과 씨 마늘을 사서 심을 계획을 세웠다. 텃밭을 조금 키워 봤더니 집에서 자주 먹는 작물을 선정해서 심는 게 중요하다는 것을 깨달았다.

텃밭을 새로 갈아 가을 농사를 준비했다.

오일장에서 대파 모종, 쪽파와 마늘 씨를 사서 남은 네 개의 이랑에 심었다. 마찬가지로 작물을 심은 다음에는 물을 흠뻑 적셔 줬다. 처음 텃밭을 꾸밀 때는 모종을 심는 일도 며칠이 걸렸는데, 조금 해 봤다고 시행착오 없이 단숨에 마쳤다. 사실 씨를 뿌리고 물을 주는 것보다는 작물을 심기 전 땅을 일구는 과정이 더 어렵고 힘들다. 미약한 경험으로 깨달은 것은 땅을 뒤집고 퇴비와 비료를 뿌린 다음 흙을 골라 모종 심을 준비를 하기까지가 정말 농사라고 할 수 있다는 사실이다.

가을 텃밭 작업은 비교적 간단하게 마무리됐다. 이제부터는 며칠 간격으로 물을 주고 아침마다 잡초를 뽑아 주면 시간이 지나 수확의 시기가 다가오게 될 것이다.

일주일 정도 지나자 쪽파 씨에서 파란 싹이 올라오기 시작했다. 배추도 제법 이파리를 내밀었다. 비트와 방울양배추도 조금씩 자라고 있고, 마늘만 아직 모습을 보이지 않았다.

쪽파의 싹이 돋기 시작했다.

배추도 싹이 돋기 시작했다.

한 달 후 바람에 넘어져서 죽은 고춧대를 뽑은 뒤 빈 고추밭에 마늘을 더 심기로 결정했다. 가을에는 봄처럼 심을 작물이 다양하지 않다. 그중 마늘은 가장 많이 소비하는 양념이기도 하고, 시중에서 사기에는 가격이 만만치 않게 비싸다. 다시 텃밭을 정리하고 일군 다음 퇴비와 비료, 살충제를 뿌렸다.

싹이 난 마늘

시골에서 가을은 정말 눈코 뜰 새 없이 바쁘다. 수확의 계절이기 때문이다. 아침부터 밤늦게까지 밭에서 보내다 보면 하루가 금방 간다. 게다가 제주는 겨울에도 날씨가 영하로 내려가는 일이 드물기 때문에 비트, 쪽파, 배추, 방울양배추, 마늘, 양파, 부추, 대파는 가을이 지나도 키울 수 있다.

가을 작물로 심은 비트, 부추, 방울양배추, 양파, 파, 배추가 싱싱하게 자라고 있다.

김장철에는 아직 풍성하게 자라지 않아서 뽑지 않고 두었던 배추를 겨울 막바지에 뽑았다. 배추뿐만 아니라 대파와 쪽파도 다 거두고, 아직 더 자라야 하는 마늘만 남겨 둔 채 밭을 정리했다. 이제 다시 봄 농사를 준비해야 하기 때문이다.

처음으로 심었던 배추가 풍성하게 자랐다.

TIP　농사로 www.nongsaro.go.kr

농업진흥청이 운영하는 농업기술포털 사이트로 농업 기술에 대한 다양한 정보를 제공하고 있다. 농사에 필요한 품종, 농기계, 농업 기술을 비롯하여 농업 경영에 대한 정보까지 농사에 관한 폭넓은 지식을 얻을 수 있다. 특히 귀촌의 목적이 귀농인 이들에게 필요한 사이트이다. 농사에 대한 정보뿐만 아니라 교육 또한 제공하고 있으며, 농사로 지은 농작물을 어떻게 요리할 수 있는지에 대한 정보까지 제공한다.

본격
농사짓기

o

텃밭을 제외하고 남는 밭은 약 300평 정도가 된다. 이곳은 텃밭 농사가 아닌 작물 농사를 짓는 밭이다. 텃밭 농사는 매일 먹을 만큼 따면서 수요와 공급을 조절하고, 아니다 싶으면 금방 밭을 엎고 새 작물을 심으면 된다. 그러나 작물 농사는 또 다른 문제다. 땅의 성질에 따라 잘 자라는 작물이 있고, 심어 놓고 빠르게 결과를 알 수 없기 때문에 실패와 성공 또한 짐작하기가 어렵다. 농사를 준비할수록 시골에 가서 농사나 지어 보면 어떨까 생각했던 과거의 내가 한심해 보일 지경이었다. 일단 작물을 선정하는 것부터 문제였다. 키우는 방법이며 농작물을 수확하고 나서는 어떻게 처리해야 하는지 모두 낯설었다. 일단 욕심을 내려놓고 한 계절에 한 종류의 작물만을 심기로 결정했다.

호박 농사

황량했던 뒷밭을 갈아서 늙은호박을 심었다. 본격적인 첫 농사의 시작이다. 한동안 농사를 짓지 않던 땅이라 지력이 없어 일단 호박을 심기로 했다. 지력을 보강하는 농사를 먼저 짓고 나중에 다른 작물을 심는 것이 좋기 때문이다. 바닥에서 자라는 호박은 토양에 그늘을 만들어 주고 영양분을 제공하기 때문에 땅에 좋은 작물이다. 지력을 키우는 데는 호박이나 콩 종류의 작물이 좋다고 한다. 게다가 농사 초보인 까닭에 기술이 상대적으로 덜 필요한 작물을 기르는 것이 좋을 것 같았다. 늙은호박은 토양에 대한 적응력이 뛰어나고 재배가 용이하다. 따라서 별다른 기술이 없어도 키울 수 있고, 수확을 하게 되면 농협에서 전부 수매해 간다고 해서 선택했다.

갈아 놓은 땅에 올라온 잡초를 뽑고 모종 30주를 사다 심었다. 아직 집 짓기를 마무리하지 않은 상황이었기 때문에 농사를 병행하는 것은 무리가 있었지만 잡초가 무성하게 자라는 것을 보고 있자니 신경이 쓰였다. 늙은호박은 척박한 땅에서도 무리 없이 자란다고 해서 일단 심었다. 부지런히 잡초를 뽑고, 비료를 뿌리고, 물을 주었더니 호박이 제법 푸른 잎을 드러냈다.

첫 밭농사 작물로 늙은호박을 심었다.

호박을 심고 한동안 풀과의 전쟁이 이어졌다. 새벽부터 일어나 햇볕이 쨍쨍하기 전까지 풀을 뽑았다. 주위 사람들은 고생하지 말고 제초제를 뿌리라고 했지만, 내가 먹을 거라 모양이 예쁘지 않아도 상관없으니 그냥 키우기로 했다. 이장님의 조언대로 호박은 풀을 제거하고 비료를 뿌리고 물을 잘 주니 무리 없이 자랐다.

잡초를 뽑았더니 호박이 작게 열려 있는 게 눈에 띄었다.

늙은호박은 별다른 노력 없이도 무럭무럭 자랐다.

여름이 무르익자 호박도 노랗게 익어 가며 제법 모양을 갖췄다. 8월 첫째 날에 잘 익은 늙은호박을 하나 땄다. 작물 농사를 지어 처음으로 수확한 결실이다. 5월에 모종을 심고 여름 내내 정을 듬뿍 준 호박이 잘 자라서 수확을 하게 되니 감회가 남달랐다. 나머지는 뜨거운 햇살을 좀 더 받아 당도가 높아진 후 따기로 했다.

그러나 처음으로 지은 호박 농사는 결과가 좋지 않았다. 가을이 다가오면서 다른 일이 바빠져 호박밭을 부지런히 돌볼 수가 없었다. 잡초와의 전쟁에서 실패해 곳곳이 풀로 뒤덮이고 제대로 자라지 못하고 썩은 호박이 부지기수였다. 겨우 20여 개의 호박을 수확

처음으로 수확한 늙은호박이다.

했다. 농사 초보자도 웬만해서는 실패할 일이 없다는 호박 농사를 망치고 나자 자신감이 한없이 하락했다. 농사를 너무 얕잡아 본 것이 아닌가 반성했다. 자연은 땀을 흘린 만큼 보답을 주기 때문에 많은 수확물을 바란다면 정말 부지런하게 움직이는 수밖에 없다.

잡초 속에서 살아남은 호박을 수확했다.

파종기 : 3월 하순 ~ 4월 중순

아주 심기

- 본엽이 4~6매가량 나왔을 때 아주 심는다.

- 이랑 너비 3.5~4m, 심는 거리 0.6~1m

관리 : 비닐 멀칭 및 터널 설치,

　　　　5~7일 간격 물 주기

재배 환경

- 생육 온도 : 발아 적온 25~30℃, 육묘 적온 18~21℃, 생육 적온 20~25℃, 저장
　　　적온 7~10℃

- 재배 적지 : 토양 적응성 넓고 재배가 비교적 용이, 고온에 약하고, 서리 피해를 입
　　　기 쉬움.

기상재해 및 생리장해 대책

가뭄	· 물 주기 : 이동식 스프링클러, 점적관수 시설 설치 · 진딧물, 응애 등을 방지하기 위해 살충제 살포 · 터널 재배
장마	· 배수구 정비 · 병해충 방제 : 7~10일 간격으로 살균제 살포
온도 장해	· 35℃ 이상의 고온과 15℃ 이하의 저온에서는 수정 불량 · 환기 및 보온에 의한 적온 유지
낙과 현상	· 육묘기 저온, 수정 불량, 일조 부족, 비료 부족에 의한 초세 약화로 　과실의 비대가 불량할 수 있음. · 햇볕을 많이 받게 관리하고 적정 거름 주기

콩 농사

호박 농사를 망친 다음에 도전한 것은 콩 농사다. 콩 역시 초보 농사꾼이 특별한 기술 없어도 할 수 있는 농사다. 콩은 자체적으로 질소를 만들어 내기 때문에 척박한 땅에서도 잘 자라는 작물이다. 일단 심어 놓으면 퇴비나 비료를 주는 작업을 하지 않아도 크게 손이 갈 일이 없다.

서리태, 완두콩, 강낭콩 등 여러 가지 종류가 있지만 나는 콩나물 콩을 택했다. 이 동네 농협에서는 콩나물 콩만을 수매하기 때문이었다. 실제로 농협에 가면 제주 콩나물, 제주 두부, 제주 순두부 등을 많이 팔고 있어 아마도 콩나물 콩이 제일 수요가 높을 것으로 보인다. 콩나물 콩은 일반적인 콩보다 더 작고 노랗다. 제주 오일장에서 한 말 조금 넘는 분량을 10만 원에 구입했다.

콩을 심기 위해 밭에 잡초를 제거하고 비료와 퇴비, 살충제를 뿌려 두었다. 그러고 나서 오일장에서 사 온 콩을 골고루 뿌렸다. 콩을 다 뿌리고 난 후에는 경운기로 밭을 갈아엎었다. 일일이 콩을 심는 것보다는

오일장에서 사 온 콩을 밭에 뿌렸다.

수월했지만 200평이 넘는 땅이기 때문에 콩을 뿌리고 갈아엎는 데만 6시간이 걸렸다. 일주일 정도 지나자 싹이 올라오기 시작했다.

일주일 전에 뿌린 콩이 싹을 티웠다.

싹이 푸르게 돋아나 제법 모양을 갖췄다.

처음 심은 콩이 풍년이다.

　콩을 심고 3달이 지나자 어느새 콩이 밭을 꽉 채웠다. 콩이 빽빽하게 자라면서 잡초도 자리 잡지 못했다. 개인적인 생각으로는 호박 농사보다 수월한 것이 콩 농사인 것 같다. 잡초 뽑을 일이 줄어드니 생활에도 여유가 생겼다. 하지만 콩이 뿌리를 내리지 못한 빈 공간에는 여지없이 잡초가 자랐다.

가을에 접어들자 어느새 콩깍지가 노랗게 익어서 마르기 시작했다. 콩을 수확할 시기가 다가온 것이다. 이제 콩을 거두고 며칠간 널어서 말려야 한다. 콩깍지가 바삭하게 말랐을 때 콩을 털어서 작물을 수확하면 된다.

가을에 접어들자 콩깍지가 노랗게 익어 마르기 시작했다.

작물이 잘 자라기만 하면 수확하는 것은 별일이 아니라고 생각했는데 그렇지만도 않다. 낫질을 제대로 해 본 것이 처음이라 서투르기만 했다. 게다가 낫을 갈아 놓지 않아서 낫으로 콩 줄기를 베는 것이 아니라 콩 줄기를 잡아 꺾어서 뜯는 것처럼 콩깍지를 거두었다. 아침부터 해질녘까지 종일 일을 했는데도 불구하고 밭의 20% 정도밖에 거두지 못했다. 일손도 빠르지 않은데 마침 비가 와서 콩 베기는 일주일이나 걸렸다.

콩 나락을 베어서 쌓아 두었다.

　농사는 마지막이 중요하다. 봄에 씨를 뿌리고, 여름에 잡초를 뽑고 잘 키웠는데, 가을에 잠시 관리를 소홀히 해 수확 시기를 놓치거나 태풍을 만나면 말짱 도루묵이 된다.

　콩 나락은 콩밭 주위에 한 줄로 길게 늘어놓아 말렸다. 가을 햇볕에 콩을 바싹 말려야 하는데 비가 너무 자주 와서 계획에 차질이 생겼다. 급한 대로 젖은 콩 나락을 세워 물기를 털고, 바닥에 천막을 깔아 흐르는 빗물에 젖지 않도록 응급조치를 취했다. 비가 오면 천막으로 콩 나락을 덮고, 비가 그치면 다시 걷어 내는 작업을 반복했다.

며칠 동안 콩 나락을 널어서 말렸다.

콩을 타작하는데 바싹 마르질 않아서 털어도 털리질 않고 콩이 깨져 버렸다. 거기다 아직 익지 않은 파란 콩 나락이 섞여 있어 콩 털기가 더 여의치 않았다. 익은 콩 나락과 덜 익은 콩 나락은 구분을 해서 따로 말려야 하는데, 농사 초보자인 내가 그런 지식을 알 리 없었다. 우여곡절 끝에 콩 나락을 더 말린 후 본격적인 타작을 준비했다.

콩 타작을 하는 방법은 간단하다. 바싹 마른 콩 나락을 내리쳐 콩을 털어 내는 것이다. 나는 일단 쇠파이프를 하나 준비해서 콩 나락을 내리쳤다. 수확한 콩의 양이 애매해서 기계에 넣어 털기엔 많지 않고, 직접 털기엔 꽤 힘이 들 만큼의 분량이었다. 그렇다고 먹을 만큼만 털고 방치하자니 애써 키운 콩이 아까웠다.

쇠파이프로 타작을 하는 내 모습을 보고 이장님이 도리깨를 빌려 주셨다. 일단 휘둘러 봤지만 박자와 리듬이 맞지 않아 별 성과를 보지 못했다. 도리깨는 제주에서도 꽤 귀한 물건이다. 농사가 거의 기계화되

도리깨로 콩을 타작하고 있다.

어 도리깨 같은 농기구는 잘 쓰지 않는다. 내가 작업하는 게 워낙 한심해 보였는지 마을회관에서 보관 중인 도리깨를 가져다주신 것이다. 다행히 이장님의 도움으로 도리깨질하는 방법을 익히고 다시 콩을 털었다.

TIP 도리깨

곡식을 터는 데 쓰는 농기구다. 긴 막대기 한끝에 가로로 구멍을 뚫고 도리깻열을 맨다. 도리깻열은 곧고 가느다란 나뭇가지로 만드는데, 이 부분으로 곡식을 두드려 낟알을 떨어낸다.

일주일 내내 도리깨로 타작해서 드디어 첫 콩을 수확했다. 힘이 든 만큼 뿌듯함이 컸다. 남은 콩깍지를 한 번 더 떨어내고, 썩은 콩을 골라내면 첫 콩 농사를 마무리 짓게 된다. 콩 낟 가지는 밭에 뿌려 뒀다. 썩으면 퇴비가 될 것이다.

털어 낸 콩은 다시 햇볕에 잘 말렸다. 썩은 콩이나 마른 콩을 골라내지 않으면 수매를 시킬 수가 없다. 싹이 나지 않는 콩은 콩나물 콩으로서 가치가 없기 때문이다. 그런데 나락을 말리는 과정에서 비가 많이 와서 콩의 상태가 최상급은 아니었다.

수확한 콩을 햇볕에 말렸다.

마지막으로 콩을 선별하는 작업을 진행해야 한다. 구멍이 뚫린 트레이에 콩을 담아 흔들면 구멍 사이로 흙과 말라서 작아진 콩이 빠져나간다. 그리고 콩깍지와 쭉정이들이 위로 올라온다. 이때 위에 올라온 콩깍지와 쭉정이를 손으로 걸러 내고 트레이에 남아 있는 콩만 따로 모으면 된다. 이렇게 1차 선별을 한다. 그 다음에는 처음의 것보다 조금 구멍이 큰 트레이를 준비한다. 1차 선별 과정과 마찬가지로 모아 둔 콩을 트레이에 담아 흔들면 이번에는 선별된 콩이 아래로 빠져나간다. 기타 돌멩이나 이물질 등은 트레이에 남게 된다. 이렇게 2차로 콩을 선별한 후에는 눈으로 일일이 확인하면서 썩은 콩을 골라내는 3차 선별 작업을 진행한다.

1·2차 선별 작업을 마친 콩을 자루에 담아 계량해 보니 100kg이 조금 넘었다. 기계에 돌리면 빠르고 편하겠지만, 기계에 넣고 돌

1·2차 콩 선별 작업을 마치고 계량을 했다.

릴 만한 양이 아니라 일일이 수작업으로 콩을 선별했다. 물론 전문적으로 콩 농사를 짓는 곳에서는 이 모든 작업을 기계로 처리한다.

하루 종일 앉아서 콩을 고르면 대략 6kg 정도를 고를 수 있다.

콩 선별 작업이 늦어지는 바람에 농협의 수매 기간을 놓쳤다. 그래서 SNS에 판매 글을 올렸다. 간혹 주문이 들어왔다. 어차피 많은 양이 아니었기 때문에 필요한 사람에게 팔고 지인들과 나누면 족했다. 하지만 주문이 들어오면 주문량만큼은 맞추어야 하기 때문에 콩을 고르는 마음이 급해졌다. 그렇게 첫 콩 농사로 번 수익은 총 20만 원이었다.

TIP 농사 방법

파종기 : 일모작을 할 경우 5월 상순~중순,
이모작을 할 경우 6월 상순~중순
북주기 : 잡초약을 사용하지 않고 키울 경우
2~3회 북주기를 한다.

횟수	시기	북주기 부위
1차	본엽 2~3매 시	떡잎 마디까지
2차	본엽 4~5매 시	홑잎 마디까지
3차	본엽 6~7매 시	첫 번째 본엽 마디까지

수확 : 콩잎이 떨어지고 나서 7일 후
탈곡 : 수확한 다음 2~3일 말린 후 탈곡
재배 환경
• 적정 토양 산도 : pH 6.5 내외
• 발아 및 출현기 15~17℃. 생육 적온 25~30℃, 지표 적온 15℃

기상재해 및 생리장애 대책

초기 가뭄	· 강우 직후 파종 · 산야초 등을 덮어 수분 보존 · 이식 묘판 설치
잦은 강우	습해 방지 : 배수구 정비
후기 가뭄	수분 증발 억제 : 김매기를 겸한 겉흙 긁어 주기, 산야초 덮기 등

직접 기른 콩을 판매하다

SNS에 판매 글을 올리고 나서 처음으로 10㎏ 주문이 들어왔다. 아침저녁으로 풀을 뽑고, 농약 한 번 안 치고 키운 콩나물 콩을 드디어 판매하게 된 것이다. 무언가를 생산해서 팔아 본 것은 생애 처음 있는 일이었다. 콩 농사를  짓는 동안 들어간 씨앗값, 비룟값, 노동비를 따지면 별로 큰돈은 아니지만 내가 키운 먹을거리를 누군가가 구매하고 싶어 한다는 것만으로도 값진 경험이었다.

콩나물 콩을 수확한 김에 직접 콩나물도 키워 보기로 했다. 하루 정도 불린 콩을 체에 밭쳐 물을 빼낸 다음 바닥에 구멍이 뚫린 그릇에 불린 콩을 까 넣는다. 그릇 아래에 물이 고여 있으면 콩이 썩을 수 있기 때문에 구멍이 뚫린 그릇을 준비해야 한다. 나는 페트병을 반 잘라서 윗부분을 거꾸로 세워 아랫부분에 끼운 후 안에 물티슈를 깔고 그 위에 콩나물 콩을 한 줌 넣었다.

콩나물은 검은 천이나 비닐을 씌워 햇볕에 노출되지 않도록 하고 콩이 마르지 않게 물을 자주 주어야 한다. 나는 검은 천을 두른 페트병을 그늘에 두고 아침저녁으로 물을 주었다. 3일 정도 지났을 때 싹이 나기 시작하더니 어느새 페트병을 꽉 채울 만큼 콩나물이 자랐다.

마트에서 파는 것처럼 길고 깨끗하지는 않았지만 직접 농사지은 무공해 콩과 물만으로 키워 낸 믿을 수 있는 콩나물이다.

고구마 농사

콩을 심고 남은 자투리땅에 호박고구마를 심었다. 이번에도 오일장에서 호박고구마 줄기를 사 왔다. 일궈 놓은 땅에 고랑을 파고 호박고구마 줄기를 간격에 맞춰 꽂았다.

세 번째 농사로 호박고구마를 심었다.

고구마밭에도 잡초 제거는 필수다. 그러나 고구마를 집에서 제일 먼 자투리땅에 심다 보니 잘 돌보질 못했다. 콩을 돌보다 보면 고구마까지 신경이 미치지 않았다. 비가 와서 땅이 질퍽거리면 고구마를 만나러 가는 일은 더 험난해진다. 그래서 모처럼 고구마밭을 돌보러 가면 항상 풀밭이 나를 맞이했다.

풀 뽑기 전과 후의 고구마밭, 확연한 차이가 난다.

가을이 되니 텃밭이며 콩밭에 수확할 거리가 많아 고구마밭은 또 우선순위에서 밀렸다. 간간히 풀을 뽑아 주기는 했지만 고구마는 거의 방치된 상태에서 스스로 자랐다.

콩을 거두고 나니 무성하게 자란 고구마밭이 눈에 들어온다.

고구마를 캐기 전에 먼저 고구마순을 땄다. 고구마순을 손질해서 삶은 다음 말려 두면 겨울철에 훌륭한 먹을거리가 된다. 고구마보다 먼저 수확한 고구마순은 잎을 따고 흐르는 물에 깨끗하게 씻어 살짝 데친 후 건져 냈다. 서울에서는 껍질을 벗겨서 삶았는데, 제주도에서는 껍질을 벗기지 않은 고구마순을 삶아 무쳐 먹기도 한다.

고구마 농사를 지으면 고구마순을 덤으로 수확할 수 있다.

고구마순을 딴 다음에는 본격적으로 고구마를 공략했다. 삽과 호미를 이용해 고구마를 캐기 시작했다. 고구마순이 풍성했던 것에 비해 고구마는 생각보다 크지 않았다. 아직 다 자라지 않은 것 같아 한 이랑만 캐고 추후에 다시 작업을 하기로 했다.

고구마순이 무성한 것을 보고 고구마를 캐 보았지만 아직 다 자라지 않았다.

20여 일 후에 다시 캐 보니 고구마가 크게 자랐다. 호미질을 할 때마다 엄청난 크기의 고구마들이 나왔다. 이번엔 또 너무 오래 두었다가 캤는지 정말 호박만한 호박고구마가 됐다.

수확한 고구마 중 적당한 크기를 골라 불을 지핀 화목난로에 넣고 군고구마를 만들었다. 판매할 용도가 아니라 모양을 크게 신경

처음 고구마를 캐고 난 후 20일 후에 다시 캐 보니 고구마가 엄청나게 커졌다.

쓸 필요가 없다면 남는 텃밭에 고구마를 심는 것도 좋다. 별다른 노력 없이도 꽤 맛있는 결과물을 가져오기 때문이다.

직접 수확한 고구마를 화목난로에 구웠다.

묘상기 : 3월, 모판 흙 습도 70% 유지

아주 심기

• 단작 : 5월 상중순

• 후작 : 6월 상중순

수확 : 서리 오기 전

저장 시 온습도

• 수확 직후 : 온도 30~33℃, 습도 90~95%

• 본 저장 시 : 온도 12~15℃, 습도 90~95%

재배 환경

• 발아 및 출현기 22~24℃, 지표 적온 18~20℃, 생육 적온 20~30℃

기상재해 및 생리장애 대책

가뭄	· 임시 심기 후 강우가 내리면 즉시 심기(임시 심기 기간 15일 이내) · 급수 가능지에 물을 준 후 심기
습해	· 배수구 정비로·습해 방지 · 줄기잎 무성 시 헤쳐 주기 금지
서리해	서리 오기 전 수확해야 고품질 생산 가능
병해 예방	흑반병 예방을 위해 모찌기 시 뿌리목부터 5~6㎝ 남김.

유채 농사

제주에 내려와 세 번째 봄을 맞이하면서 유채 농사를 시도했다. 농사를 처음 시작했을 때는 아는 것이 아무것도 없어서 이장님의 코치를 받으며 호박 농사, 콩 농사를 지었지만, 프로 농사꾼들의 관점에서는 쉬운 농사라도 나처럼 생초보에게는 너무 버거웠다. 그렇다고 상업 활동을 본격적으로 하는 것도 아닌데 무작정 기계를 들여놓을 수도 없었다. 나름대로 봄가을 농사를 경험한 후 나에게 맞는 농사를 하기로 결심했다.

작물 농사를 짓던 밭에 유채꽃을 심고, 가을에는 해바라기를 심어 보기로 했다. 콩을 걷고 난 밭에 유채 씨를 뿌리기 위해 다시 로터리 작업을 진행했다. 이제는 조금 익숙해진 경운기를 이용해 능숙하지는 않아도 무난하게 밭을 갈았다.

유채 씨를 뿌리기 위해 로터리 작업을 진행했다.

로터리 작업을 마친 땅에는 퇴비와 비료를 뿌렸다. 그다음 오일장에서 산 유채 씨를 밭에 골고루 뿌렸다. 콩 농사를 지을 때와 마찬가지 방법으로 밭에 씨를 뿌린 다음 다시 한번 로터리 작업을 진행했다. 유채 씨 위에 흙이 골고루 뿌려질 수 있도록 꼼꼼하게 작업을 하고 나니 비가 내렸다. 다행히 물을 주는 작업은 비로 대체했다.

4월이 되자 겨울에 뿌린 씨가 자라 어느덧 꽃을 피우기 시작했다. 이미 다른 지역에서는 유채가 지고 있는데, 씨를 늦게 뿌려서 그런지 뒤늦게 꽃을 피웠다. 원래 유채는 10월이나 늦어도 11월에는 씨를 뿌려야 3월에 꽃을 볼 수가 있다. 유채 씨를 뿌리는 시기를 잘 몰라서 무턱대고 1월에 씨를 뿌렸는데, 덕분에 유채 시기를 지나서까지 꽃을 볼 수 있게 됐다. 제주의 다른 지역에서는 이제 유채꽃을 보지 못하는 시기에 우리 집에만 꽃이 만발하게 된 것이다.

유채가 자라 꽃을 피우기 시작했다.

성산일출봉에 가면 1월부터 유채꽃을 볼 수 있는데, 아마 나오는 반대로 관광객을 위해 씨를 일찍 뿌린 것 같다. 일반적으로 제주에서는 3월이면 어디에서든 유채꽃을 흔하게 볼 수 있다. 그리고 4월이 되면 서서히 사라진다.

직접 키운 유채가 꽃을 활짝 피웠다.

5월 중순이 되어 가면서 유채꽃은 점차 시들었다. 대신 꽃으로 덮여 있던 유채 줄기마다 씨방이 달리기 시작했다. 다 자란 씨방은 터져서 밭에 떨어지기도 했다. 씨방에 씨알이 꽉 들어차려면 까맣게 익어야 하지만 마냥 기다릴 수는 없어서 날씨가 좋은 날 유채를 거뒀다.

씨를 늦게 뿌려서 다른 지역에서는 유채가 질 무렵인 4월에 꽃이 만발했다.

왼손으로 유채 줄기를 움켜잡고 오른손으로 유채 아랫부분을 당겨 베어 냈다. 베어 낸 유채 줄기는 널어 두고 말렸다. 유채를 베는 작업은 나흘이 걸렸다. 매일 새벽 5시부터 해뜨기 전까지만 작업했다.

꽃이 진 유채를 베어서 말리기 시작했다.

유채는 의외로 실용적인 작물이기도 하다. 잎은 나물로 먹고, 씨를 털면 기름을 짤 수 있다. 유채가 잘 말랐으면 씨앗 터는 작업을 해야 한다. 유채 씨를 터는 작업은 콩을 터는 것보다는 수월하다. 도리깨까지 동원할 필요도 없다. 잘 말린 유채 나락을 발로 꾹꾹 밟으면 씨앗과 잘게 부서진 나락이 날리며 떨어진다. 이걸 한데 모아 소쿠리에 담아 흔들면 씨앗은 아래로 떨어지고 나락은 소쿠리에 남는다.

이틀 동안 유채 털기 작업을 모두 마쳤다. 나락을 모두 거두고 나면 새까맣고 윤기가 흐르는 유채 씨가 모습을 드러낸다. 다 털고 나니 제법 양이 많았다. 이제부터는 시원한 바람과 햇볕에 바짝 말려야 기름을 짤 수 있다.

잘 말린 유채 나락을 발로 밟아 털어 낸 후 소쿠리에 넣고 흔들어 유채 씨를 골랐다.

손질한 유채 씨의 무게를 재 보니 45㎏이었다. 다음 해에 다시 심을 종자 씨앗을 남기고 나머지는 모두 방앗간으로 가져갔다. 방앗간에서 다시 유채 씨를 깨끗하게 손질하고 볶아서 내리니 기름이 10ℓ가량 나왔다. 막 짜낸 유채 기름은 향이 정말 풍부했다. 기름을 짜고 난 유채 씨 찌꺼기는 텃밭용 퇴비로 사용했다. 유채는 찌꺼기까지 쓸모없는 것이 하나도 없는 고마운 작물이다.

유채 씨를 방앗간에 가져가 기름을 짰다.

유리병을 사서 세척하고 라벨을 붙여 지인들에게 보낼 유채 기름 20병을 만들었다.

파종기 : 10월 중하순

수확 : 개화 후 60일, 꼬투리가 30~40% 누런색을 띨 때

재배 관리

• 비료 나누어 주기 : 밑거름 60%, 웃거름 40%

• 토양 산도 : pH 5.5~7.0

기상재해 및 생리장애 대책

가뭄	· 스프링클러를 이용해 물 뿌려 주기 · 물 대기가 가능한 지역 배수구에 물 대기 · 산야초 등을 덮어 수분 증발 억제
습해	· 배수구 정비 · 보머리를 터 주어 물이 고이지 않게 함.
병해	균핵병, 흰가루병 : 돌려짓기
충해	배추잎벌레 및 진딧물 : 델타린 및 메타유제 1,000배액 살포

해바라기 농사

2016년 가을에 제주시 조천읍에 있는 '김경숙 해바라기 농장'을 방문한 적이 있다. 그때 해바라기밭의 멋진 광경에 반한 나는 내심 해바라기를 한번 키워 보고 싶다고 생각했다. 그래서 유채밭을 거두고 난 자리에 해바라기를 심었다.

해바라기를 심기 위해 농장에 전화를 걸어서 상담을 요청했다. 해바라기를 키우고 싶다는 말에 기꺼이 도와주겠다고 해서 농장에 다시 방문했다. 마침 농장도 농사를 막 준비하는 중이라 무척 바빴다. 바쁜 가운데서도 해바라기 농사법에 대해 간단한 교육을 받을 수 있었다. 게다가 가을에 해바라기 씨앗을 수확하게 되면 전량을 수매해 주겠다고 했다.

김경숙 해바라기 농장의 봄과 가을 풍경

제주에서도 애월 지역은 날씨가 좋아서 6~7월까지 해바라기를 심을 수 있다. 그래서 일단 6월에 해바리기 모종을 받아 농사를 시작하기로 했다. 처음 키워 보는 것이라 씨앗으로 시작하는 것보다는 안전하게 모종을 받아서 키우는 게 낫다는 판단 때문이었다. 해바라기 모종은 주문을 하고 15일 정도를 기다려야 한다. 주문을 하면 모종을 키워서 보내 주기 때문이다. 해바라기 모종은 2,000주를 주문했다. 모종이 자라는 동안 나도 시험 삼아 작은 모종을 키워 볼까 해서 씨앗을 한 주먹 받아 왔다.

받아 온 해바라기 씨앗은 150㎝ 정도까지 자라는 품종으로 그다지 크지 않은 해바라기다. 크게 자라는 해바라기는 약품 처리된 씨앗으로 해마다 전량 수입을 한다. 우리나라에서는 생물자원 보존을 이유로 씨앗을 키울 수가 없어서 한 해 심으면 다시 수입해서 심어야 한다.

해바라기 씨앗 틔우기를 위해 농협에서 사 온 상토를 트레이에 채웠다. 흙을 눌러 준 다음 해바라기 씨앗을 뾰족한 부분이 아래로 가게 한 알씩 꽂았다. 그 위에 상토를 다시 한번 더 덮었다. 흙을 덮고 난 후에는 물을 흠뻑 주고 바람이 잘 통하고 햇볕이 좋은 곳에 두었다. 그리고 싹이 나길 기다렸다.

김경숙 해바라기 농장에서는 다양한 모종이 자라고 있다.

해바라기 씨로 모종 키우기를 시도했다.

해바라기 씨가 자랄 동안 밭을 정비했다. 유채를 거두고 난 밭에 해바라기 심을 준비를 시작했다. 밭에 로터리 작업을 하려면 비가 흠뻑 내려 땅을 적셔 주는 것이 좋다. 물기 없이 단단한 밭에는 경운기 로터리가 잘 들어가지 않기 때문이다. 비가 오지 않으면 밭에 물을 뿌려서 로터리 작업이 가능하도록 해야 한다.

모종을 보름 후에 받기로 해서 시간 여유를 두고 밭을 갈기 시작했는데, 농장에서 작업 후에 남은 모종이 있다고 가져가겠느냐고 전화가 왔다. 마침 비가 와서 땅은 로터리 작업을 하기 적당하게 촉촉해져 있었다. 일단 지난번 씨를 털고 남은 유채 나락들을 밭에 뿌리고 태웠다. 유채 나락은 모아서 퇴비를 만들기도 하지만, 나는 땅의 지력을 높이기 위해서 나락을 정리하는 동시에 태웠다. 그런 다음 경운기 시동을 걸고 부지런히 밭을 오가며 로터리 작업을 했다. 이제 비닐로 멀칭 작업을 하면 해바라기 모종을 맞이할 준비가 끝난다.

해바라기를 심기 위한 밭 갈기를 시작했다.

농협에 가서 멀칭용 검정 비닐을 구매했다. 비닐을 구매하면서 담당자에게 멀칭하는 법을 간략하게 배웠다. 모종이 준비되어 있다는 사실에 마음이 급해져 바로 멀칭 작업에 들어갔다. 비닐 한쪽 끝을 흙으로 덮고 나서 그대로 쭉 펼쳤다. 5m 정도를 펼치고 나니 바람이 불어 비닐이 펄럭거려서 먼저 비닐 양쪽을 흙으로 덮었다. 오전부터 시작한 멀칭 작업은 해가 질 무렵에 끝났다. 이제 해바라기 모종을 심을 준비가 됐다.

농사를 지으며 처음으로 멀칭 작업을 시도했다.

TIP 멀칭 Mulching

농작물을 키울 때 흙이 마르고, 작물이 오염되는 것을 방지하기 위해 비닐 등으로 땅을 덮어 주는 것을 말한다. 비닐 이외에도 볏짚, 왕겨, 낙엽, 톱밥 등을 이용해 멀칭하기도 한다. 재료에 따라 효과가 다르다. 땅의 온도 조절, 수분 조절, 비료 유실 방지, 토양으로부터의 과실 오염 방지 등의 효과가 있다.

멀칭 작업을 마친 다음 날 아침 일찍 농장에 가서 해바라기 모종 2,000주를 받아 왔다. 모종 2,000주는 모판으로 16판이다. 모종은 앞·뒤·좌·우 50㎝ 간격으로 정렬을 맞춰 심어야 한다. 그래서 긴 막대를 50㎝ 길이로 잘라 모종을 심을 때마다 대어 보면서 간격을 확인했다. 멀칭에 구멍을 내고, 구멍마다 물을 주면서 모종 하나씩 정성을 다해 심었다. 새벽부터 시작해서 오후 3시쯤 되었을 때 확인하니 4판 의 모종을 심었다.

비가 많이 오지 않아 흙에 물기가 없는 상태였기 때문에 멀칭을 한 위로 호스를 연결해서 모종을 심는 구멍 안으로 계속해서 수분을 공 급했다. 흙이 충분히 젖을 정도가 된 다음에 모종을 심었다. 하나하 나 정성을 들이다 보니 속도는 빠르지 않았다. 한 이랑에 200주 정도

농징에시 해바라기 모종을 분앙받이 왔디.

를 심을 수 있고, 시간은 6시 간이 걸렸다. 총 10이랑이니 30시간가량이 걸리는 작업이 다. 밭이 바싹 말라 있어 멀 칭 구멍마다 일일이 물을 주 고 모종을 심다 보니 시간이 더 오래 걸렸다. 하지만 빨리 하는 것보다는 늦더라도 제 대로 하는 게 중요하다. 빨리 한다고 대충 심어 놓았다가 물이 없어 모두 말라 죽으면 그동안의 일이 헛고생이 되 고 만다.

멀칭 작업을 한 밭에 2,000주의 해바라기 모종을 심었다.

모종을 심은 후에는 아침에 일어나 눈을 뜨면 제일 먼저 해바라기 밭으로 갔다. 한 바퀴 돌아보면서 시들거나 죽은 모종은 없는지 살폈다. 모종이 죽어서 빈 공간이 생기면 여분으로 남겨 놓은 모종을 다시 심어서 채웠다. 멀칭 아래로 돋아난 잡초도 뽑아 주고 땅이 마르지 않도록 스프링클러를 돌렸다. 스프링클러가 닿지 못하는 곳은 직접 고무관을 끌어와 물을 뿌렸다. 물을 맞으면 축 처져 있던 줄기와 잎이 고개를 든다.

밭에 옮겨 심은 해바라기 모종이 무럭무럭 자라고 있다.

해바라기 모종을 심고 한 달 정도 시간이 지나자 꽃망울이 달리기 시작했다. 해바라기는 물을 풍부하게 주고 햇빛을 많이 받을수록 무럭무럭 자라기 때문에 습관적으로 스프링클러를 돌리는 것이 일상이 됐다.

한 달이 지나자 부쩍 자라 꽃망울이 달리기 시작했다

해바라기는 보통 어디에서나 잘 자라는 편이지만, 특히 양지 바른 곳에서 잘 자란다. 햇빛을 굉장히 좋아하기 때문에 일조량이 매우 중

요하다. 그러나 가뭄에 약해서 흙
이 마르지 않도록 수분을 충분하
게 공급해야 한다.

　60일 정도 키우면 씨가 영글어
수확을 할 수 있게 된다. 관상용
으로 많이 심지만, 해바라기 씨를
먹기도 하고, 줄기를 약재로 쓰거
나 기름을 짜기도 하는 등 의외로
쓰임이 많다.

아직은 꽃봉우리만 봉긋한 사이에서 해바라기
한 송이가 홀로 피었다.

팝콘 터지듯이 톡톡 제법 많은 꽃망울이 터졌다.

해바라기가 금세 예쁘게 꽃을 피웠다.

　　해바라기 모종을 심고 한 달이 지나자 서서히 꽃이 피어나기 시작하더니 어느새 2,000주의 해바라기가 거의 모두 꽃을 피워서 장관을 이루었다.

긴 줄기와 시원한 꽃의 모양에 눈이 트인다.

그러나 심한 가뭄이 찾아오는 바람에 고개가 기울어지고 꽃잎도 말라서 떨어지기 시작했다. 아침저녁으로 물을 뿌리고 스프링클러를 돌려도 쉽게 해갈되지 않았다.

극심한 가뭄에 꽃들이 전부 고개를 숙이고 있다.

오랫동안 지속된 극심한 가뭄으로 인해 활짝 핀 해바라기를 감상할 수 있는 기간이 의외로 짧았다. 대신 꽃이 떨어진 자리에 씨가 영글어 수확의 시기가 다가왔다.

모종을 심은 지 두 달을 조금 넘겨서 해바라기 가을걷이를 했다. 가뭄으로 꽃이 빨리 떨어졌지만 뜨거운 햇빛

꽃잎이 일찍 떨어지고 씨가 영글기 시작했다.

해바라기 속이 텅 비었다.

고개를 숙인 해바라기에는 씨가 가득 영글 었다.

을 받아 거의 모든 해바라기의 씨앗이 까맣게 영글었다. 그런데 해바라기 농사의 복병은 참새였다. 참새가 날아와 잘 익은 해바라기 씨를 파먹은 것이다. 머리를 빳빳이 들고 있던 해바라기일수록 참새의 공격을 많이 받아 속이 텅 비었다.

결국 참새가 파먹지 않은 해바라기를 골라 수확했다. 해바라기는 머리 부분을 잘라서 수확을 한다. 자른 해바라기는 농장으로 보냈다. 농장에서 분양받은 해바라기에서 수확한 씨앗은 다시 전량을 농장에서 수거해 간다.

씨가 찬 해바라기를 수확했다.

수확한 해바라기는 농장으로 보내 비닐하우스에서 말린다.

　수확한 해바라기를 일주일 정도 말려
야 씨를 털어 낼 수 있다. 농장의 비닐하
우스에서 말린 후 농장에서 수확한 해바
라기와 함께 탈곡을 하게 된다. 털어 낸 씨는 1㎏당 6,000원의 가격
으로 농장에서 수매한다.

　해바리기는 농장의 비닐하우스에서 며칠간 바짝 말렸다. 다 마른
해바라기는 씨앗 털기 작업에 들어갔다. 마른 해바라기를 탈곡기에
넣으면 밑으로 검은 씨앗이 밀려 나온다. 2,000주의 해바라기를 심었
지만 탈곡기를 거치고 나니 한 자루 정도의 씨앗이 남았다. 참새가 쪼
아 먹은 양이 꽤 되는 듯했다.

　농사란 어느 하나 만만하고 녹녹한 것이 없다. 그러나 활짝 핀 해바
라기를 실컷 보았으니 이번 해바라기 농사는 제법 성공적이었다.

바싹 마른 해바라기를 탈곡기에 넣어 씨를 털어 냈다.

TIP 농사 방법

재배 조건

- 토질 : 배수 불량한 토양은 피함.
- 광 : 매우 중요, 햇빛이 충분해야 함.
- 배수 : 노지 재배 시 배수로는 필수
- 연작 : 특별히 문제되지 않음.
- 재배 기간 : 60일

재배 특징

- 생육 온도 : 육묘 적온 25℃, 생육 적온 20~30℃, 개화 적온 25~30℃
- 재배 적지 : 노지 직파 재배 작물로 봄에서 여름 사이에 물 빠짐이 좋은 토양에서 재배

생리적 특징

- 고온 성작물로 발아 후에는 건조에 잘 견딤.
- 10℃ 이하 저온 환경에서는 생육 부진 등 피해가 심함.
- 햇빛을 좋아하고 장일 조건에서 개화 촉진
- 직파 후 발아될 때까지 충분히 물을 주고, 장마철에는 물 빠짐 주의

기상재해 및 생리장해 대책

저온	· 저온 피해 온도 : 10℃ · 생육기 온도가 10℃ 이하가 되지 않는 시기에 파종
장마	· 줄기 지면부가 녹아 버리거나 흑변해서 꺾어짐. · 예방 살균제 살포 및 침수되지 않도록 주의
바이러스	· TSV(담배 줄무늬 바이러스) : 왜화, 생장점, 꽃 기형, 줄기와 잎 흑변화 · 저항성 품종 이용, 이형주 즉시 제거

제주에서
먹고 살기

○

    어설프게나마 농사를 지어 보니 한 끼 식사에도 얼마나 많은 농부의 정성이 들어가는지 감탄하게 된다. 하나의 농작물을 키우기 위해 밭을 갈고, 로터리 작업을 하고, 퇴비를 주고, 씨를 뿌리고, 잡초를 제거하고, 물을 주고, 몇 달을 정성 들여야 한다. 나처럼 어설픈 농사꾼도 작황이 좋지 않으면 이루 말할 수 없이 속이 상한데, 농사로 생계를 이어 가는 이들은 그 상심감이 얼마나 클까. 제주에 정착하게 되면서 가장 크게 느끼는 것 중 하나가 바로 먹고 사는 것의 소중함이다. 준비된 먹을거리에 고마운 마음이 들고 음식의 참다운 맛을 깨닫게 된 것은 열심히 일하고 얻은 행복이다. 먹고 사는, 그 단순하고도 중요한 행위를 위해 하루하루 열심히 사는 것만으로 인생의 즐거움이 무궁무진하게 늘어난 기분이다.

각종 효소 만들기

혼자 먹기엔 많고, 상품성을 염두에 두고 키운 것이 아니기에 판매를 하기엔 무리가 있는 작물들을 어떻게 처리할까 고민하다 효소를 만들기로 했다. 제일 먼저 도전한 것은 매실 효소다. 가장 흔한 것이기에 입문자의 마음으로 시도했다.

매실 효소를 만드는 일은 간단하다. 매실과 설탕을 1 : 1의 비율로 담아 놓고 발효를 시키면 된다. 발효가 된 매실은 건져서 장아찌를 만들어도 되고 소주에 담가 매실주를 만들어도 된다.

처음으로 매실 효소 만들기에 도전했다.

매실로 워밍업을 한 후 양파 효소, 토마토 효소를 만들었다. 그리고 드디어 직접 농사지은 늙은호박을 이용해 식초를 만들어 보았다. 봄날처럼 따듯한 겨울 아침, 가을에 따 놓았던 잘 익은 늙은호박을 잘라

속을 파내고 껍질을 벗긴 후 깨끗이 씻었다. 호박 식초를 재워 둘 항아리도 깨끗하게 씻어서 말린다. 여기에 현미 식초, 흙설탕, 호박을 각각 1 : 1 : 1의 비율로 넣는다. 설탕이 잘 풀리도록 저어 주는 것이 좋으며, 물은 따로 넣지 않는다.

호박은 비타민 A와 E가 풍부해서 감기를 예방하고 노화 방지에도 효과가 있다. 열량이 높지 않으면서 포만감이 있어 다이어트에도 좋고, 붓기를 가라앉히며, 변비에도 좋다. 들이는 노력에 비해 많은 효과가 있기 때문에 식초로 만들어 두고 먹으면 편리하다.

직접 농사지은 늙은호박으로 식초를 만들었다.

100일 정도 잘 숙성시키면 그럴듯한 호박 식초가 완성된다. 항아리 뚜껑을 열고 덮어 두었던 비닐을 벗기면 새콤달콤한 냄새가 코를 찌른다. 완성된 호박 식초는 각종 요리에도 넣고, 물과 희석해서 음료처럼 마셔도 된다.

100일 후 숙성시킨 호박 식초를 통에 담았다.

콩나물 콩은 제법 수확량이 있어서 SNS로 소소하게 판매를 하고 난 후에도 50㎏ 정도가 남았다. 남은 콩은 밥을 지을 때 한 줌씩 넣어서 콩밥을 하기도 하고 콩나물을 키워 보기도 했지만 좀처럼 줄어들지 않았다. 이런저런 생각을 하다가 낫토 청국장을 만들기로 했다.

콩은 24시간 불리고 3시간을 삶는다. 그리고 삶은 콩과 낫토 종균을 섞어 발효기에 넣는다. 발효가 끝나면 냉장고에 넣고 다시 18시간을 숙성시킨다. 완성된 청국장을 일회용 컵에 담아 냉동해 두면 먹을 때 하나씩 꺼내 해동하기 편리하다. 냉동된 청국장은 6개월간 보관이 가능하다. 효소를 만들고, 청국장을 만드는 것에는 특별한 비법이 없다. 시간이 알아서 맛을 낸다. 느리게 기다리면 된다.

직접 농사지은 콩과 낫토 종균을 섞어 청국장을 만들었다.

농업 분야에서 농사를 짓는 것을 1차 산업이라 하고, 농산물을 가공해서 제품을 만드는 것을 2차 산업이라고 한다. 그리고 상품을 판매하는 것이 3차 산업이다. 귀농 아카데미에서는 이러한 농업 분야의 1차·2차·3차 산업을 합해 6차 산업(1차+2차+3차=6차 또는 1차×2차

×3차=6차)이라 설명했다. 그리고 6차 산업을 귀농의 성공 모델로 소개했다. 직접 키운 작물로 제품을 만들고 판매까지 하는 것이 성공적인 귀농의 롤모델인 것이다. 따라서 직접 키우고 만들어 먹는 재미를 넘어 경제활동까지 하면서 농촌에 정착을 하고 싶다면 6차 산업에 대해 진지하게 생각해 보는 것도 좋은 방법이다.

요리에 도전하다

도시 생활과 제주 생활의 가장 큰 차이는 매 끼니를 손수 차려 먹고 있다는 점이다. 도시에서는 주로 식당에서 밥을 사 먹는 일이 많았다. 하지만 제주에서는 식당에서 밥을 먹는 일이 드물다. 밭에서 식자재를 직접 키우다 보니 꼭 필요한 재료가 아니면 마트에 갈 일도 점점 줄어든다. 내가 만든 주방이어서 그런지 음식을 직접 하고 살림을 돌보는 재미도 쏠쏠하다. 처음에는 아무것도 모르고 시작했지만 이제는 손님을 대접할 정도의 실력을 갖추게 되었다.

🍴 순다리

제주의 전통 음료 중 '순다리'라는 것이 있다. 먹을 것이 귀하던 시절에 쉬는 밥이 아까워 누룩을 넣고 만든 음료라고 한다. 식혜와 막걸리의 중간 같은 느낌이다. 제주에서는 식당에서 후식으로 순다리를 내놓기도 한다.

만드는 방법은 간단하다. 밥과 누룩을 준비해서 섞고 하룻밤 재워 두면 된다. 나는 고소한 풍미를 위해 가마솥으로 밥을 지었다. 가마솥 밥에 물을 넣고 누룩도 잘라서 넣는다. 시간이 지나면 기포가 생긴다. 날이 더우면 발효는 더욱 빨리 진행된다. 발효가 다 되었다면 누룩 찌꺼기를 채에 걸러서 건져 낸다. 마지막으로 기호에 따라 설탕이나 꿀을 넣어 주면 된다.

▶ 제주의 전통 음료인 순다리를 직접 만들어 보았다.

🍴 텃밭 샐러드

봄부터 늦은 가을까지 텃밭에는 항상 채소가 풍성하다. 아침마다 텃밭을 돌아보며 잡초를 뽑고 그날 먹을 채소를 따지만 먹는 속도보다 채소가 자라는 속도가 더 빠른 것 같다.

흐르는 물에 채소를 깨끗하게 씻어 큰 볼에 담고, 우유에 유산균을 넣어 직접 만든 요구르트 4스푼, 올리브오일 2스푼, 살구 효소 2스푼, 레몬홍초 1스푼에 소금을 약간 넣어 버무리면 순식간에 텃밭 샐러드가 완성된다. 샐러드의 재료는 그날 텃밭에서 무얼 따오느냐에 따라 달라진다. 소스도 효소에 따라 다양하게 변주가 가능하니 매일 질리지 않고 먹을 수 있는 게 바로 샐러드다. 직접 길렀기 때문에 베이킹소다나 과일 전용 세제 등을 이용해 세척하지 않아도 된다는 점이 텃밭 샐러드의 또 다른 장점이다.

▶ 텃밭 채소를 이용해 매일 신선한 샐러드를 만들 수 있다.

🍴 호박죽 ···

  돌담에 매달린 채 잘 자란 단호박을 한 개 골라서 호박죽을 끓였다. 늙은호박으로도 호박죽을 끓이지만, 단호박으로 만든 호박죽이 더 달다.

  단호박을 씻어서 껍질을 벗긴 다음 잘게 썰어서 찜통에 넣고 푹 익을 때까지 찐다. 푹 익은 단호박은 주걱으로 으깨서 잘게 부순다. 으깬 호박에 찹쌀가루를 넣고 다시 끓인다. 어느 정도 걸쭉해졌으면 소금과 효소로 간을 맞추면 된다.

❥ 직접 키운 호박으로 만든 호박죽은 간편하면서도 입맛을 돋운다.

🍴 또띠아롤

간단하게 한 끼를 해결하고 싶을 때는 또띠아도 괜찮다. 또띠아를 만들 때는 직접 키운 옥수수를 넣는다. 그러면 별다른 재료가 들어가지 않아도 근사한 맛이 난다.

밀가루에 우유와 버터를 넣고 반죽해 얇게 밀어서 팬에 굽는다. 수제 또띠아에 냉장고 속 남은 재료들을 넣고 옥수수를 가득 뿌린다. 마침 냉장고에 다진 고기, 피망이 있어서 제법 구색이 갖추어졌다.

▶ 또띠아를 먹을 때 직접 키운 옥수수를 듬뿍 넣으면 식감이 더욱 풍성해진다.

🍴 열무김치

텃밭에 뿌린 열무가 너무 빽빽하게 자라서 열무를 솎아 냈다. 그러다 보니 여린 열무가 가득 생겼다. 어떻게 할까 고민하다 좋아하는 열무 물김치를 담가 보기로 했다.

먼저 뽑아 온 열무를 깨끗이 씻고 다듬었다. 그러고는 마찬가지로 깨끗하게 씻은 항아리에 열무를 넣었다. 그다음은 찹쌀로 풀을 쒔다. 마늘, 생강, 사과, 양파를 갈아서 매실액, 까나리 액젓, 고춧가루와 잘 섞어 열무를 넣은 항아리에 붓는다. 쑤어 둔 찹쌀 풀도 넣고, 마지막으로 열무가 잠길 정도로 물을 자작하게 채운다. 이틀 정도 상온에서 익힌 후 냉장고에 보관하면 시원한 열무 물김치를 먹을 수 있다.

▶ 열무를 씻고, 풀을 쑤고, 양념을 섞어 간단하게 물김치를 만들었다.

열무를 솎아 주고 나니 열무가 크게 자랐다. 아직 작은 열무는 남겨 놓고 잘 자란 열무만 뽑아서 열무김치도 담갔다. 이번에도 역시 찹쌀로 풀을 쒔다. 열무는 잘 씻어서 소금에 30분가량 절였다. 멸치 액젓과 까나리 액젓을 반반 섞고, 직접 담가 둔 양파 효소와 고춧가루를 넣고, 마늘과 양파도 갈아 넣었다. 열무를 섞어 놓은 재료에 넣고 버무리니 금방 열무김치가 만들어졌다. 상온에 하루 정도 두었다가 냉장고에서 마저 익히면 된다.

❯ 잘 자란 열무로 열무김치를 만들었다. 물김치에 도전한 후라서 그런지 열무김치를 담그는 일도 생각보다 수월했다.

수확 후 남은 농작물 확보

봄이 오면 제주의 밭 이곳저곳에는 수확하고 남은 농작물이 널려 있다. 다리 건너 앞밭에서는 지난 가을에 뿌려 두었던 무를 겨울 내내 키워 봄에 수확을 한다. 수확한 무는 아침에 뽑아서 바로 서울의 가락

시장으로 올려 보낸다. 전국에서 소비하는 무의 70%는 이렇게 제주에서 생산되고 있다. 수확한 무를 싣고 트럭이 나가고 나면 상처가 나거나 아직 덜 자라서 상품으로서 가치가 떨어지는 무가 남는다. 팔 수는 없지만 먹기에는 아무런 문제가 없다. 이런 작물은 대부분 이웃들의 차지가 된다.

나 역시 봄이면 앞밭에서 수확하고 남은 무청과 무를 한 무더기 줍는다.

봄이 오면 제주 이곳저곳에는 수확하고 남은 농장물이 널려 있다.

무청은 깨끗하게 다듬어서 말린다. 평상에 널어놓고 어느 정도 마르면 테라스 난간에 걸쳐 두고 제주의 바람과 햇볕을 맞게 한다. 그렇게 바싹 마르면 시래기가 완성된다. 잘 말린 시래기는 창고에 보관했다가 필요할 때 꺼내서 조리해 먹으면 된다.

앞밭에서 남은 무를 한가득 수거해 왔다.

무청은 잘 말려 시래기로 만든다.

무는 쓰임이 다양하다. 김치를 담글 수도 있고, 썰어서 말리면 무말랭이가 된다. 각종 요리에도 사용할 수 있다. 수거해 온 무는 깨끗하게 씻고 다듬어서 작은 무는 통째로 동치미를 담그고, 큰 무는 썰어서 깍두기를 담근다. 그래도 남은 무는 잘게 썬 다음 햇볕에 바짝 말려 무말랭이를 만들어 두면 두고두고 먹을 수 있다.

이처럼 직접 농사를 짓지 않더라도 조금만 부지런하면 주변에 널린 농산물을 얻을 수 있는 곳이 제주이기도 하다.

작은 무는 통째로 동치미를 담갔다.

낚싯대 메고 집 밖으로

제주의 일상에서 낚시 또한 빼놓을 수 없다. 제주에 산다면 누구나 언제든지 낚싯대 하나를 둘러메고 고기를 잡으러 나갈 수 있다. 제주 해안의 웬만한 포인트마다 낚시를 하는 사람들의 모습이 흔하게 목격된다. 우리 집에서도 조금만 걸어 나가면 해안이 나온다.

제주에서 낚시하는 방법도 다른 곳과 크게 다르지 않다. 배를 타고 나가서 하는 방법과 해변 바위 위나 방파제에서 낚싯대를 드리우는 방법이 있다. 전문 낚시꾼이라면 낚싯줄에 찌를 끼워 물속에 미끼를 가라앉히는 찌낚시로 참돔, 벵에돔 등을 낚을 수 있다. 낚싯줄을 멀리 던진 후 계속 감으면서 미끼가 움직이는 것을 보고 고기가 미끼를 물게 하는 방법인 원투낚시로는 놀래미, 고등어, 우럭 등이 잡힌다.

나는 제주에 오기 전에는 한 번도 바다낚시를 해 본 적이 없었기 때문에 처음부터 찌낚시나 원투낚시에 도전할 수는 없었다. 그래서 방파제에 쌓여 있는 테트라포드 사이 구멍에 낚싯줄을 내리고 오르락내리락 하면서 물고기를 잡는 구멍낚시에 도전했다. 집에서 가까운 구엄포구 방파제에서는 특히 우럭이 잘 잡힌다.

햇살이 따뜻한 오후의 바다는 낚시하기에 딱 좋다.

나처럼 낚시 초보라면 무턱대고 낚싯대를 구입하기 전에 방파제에
나가 다른 사람들이 낚시하는 것을 보고 어떤 낚시를 할 것인지 결정
하는 것이 좋다.

　애월 앞바다는 7월이면 한치잡이가 한창이다. 낮에는 주로 돔을 잡
는 낚시꾼들이 자리를 차지하고 있지만, 저녁이 되면 한치를 잡기 위
해 몰려든 사람들로 북적인다.

첫 낚시에서 메기와 닮은 물고기를 잡았다.

　구멍낚시는 일단 채비가 간단하다. 처음으로 낚시에 도전하는 사람
도 부담스럽지 않다. 낚싯대 하나와 미끼만 있으면 일단 구멍낚시 준
비는 끝이다. 나는 먼저 오일장에서 저렴한 낚싯대를 구입한 후 집 앞
구엄포구 방파제로 나갔다. 새우 미끼를 끼우고 방파제 테트라포드
사이 구멍으로 낚싯줄을 내렸다. 낚싯줄을 넣자마자 바로 입질이 왔
다. 몇 번인가 낚싯대를 내렸다 올렸다 하는데 손에 묵직한 진동이 전
달됐다. 무엇인가가 줄 아래서 당기고 있는 느낌이 전해졌다. 제주에
내려와서 처음으로 낚시를 해서 잡은 건 메기처럼 생긴 물고기인데,

사실 이름은 모르겠다. 우럭, 농어가 잘 잡히는 포인트라고 하는데 낚시 초보의 손에는 이름 모를 물고기만 잡혔다.

낚시를 즐기는 사람이라면 제주도만큼 살기 좋은 곳도 없을 것이다. 낚시를 잘 몰라도 제주의 삶을 택했다면 낚시도 한번 누려 봄 직하다.

대평해수욕장 방파제에서 고등어와 전갱이를 낚았다.

물메소랑 에어비앤비 운영

나는 애월에 자리를 잡으면서 내가 손수 지은 집의 이름을 '물메소랑'이라고 했다.

'물메'는 애월읍 수산리의 옛 이름이다. 물이 많이 난다고 해서 붙여진 이름이다. 일제강점기에 물메를 뜻하는 한자어를 사용해 '수산(水山)'이라는 이름으로 바뀌었다. 이름처럼 물과 산이 많은 동네다. 우리 집은 애월읍 하귀리에 주소를 두고 있지만, 정확히는 수산리와 구엄리의 경계에 위치하고 있어 사실상 소속이 애매하다. 주소는 하귀리이지만 문을 나가면 수산리이고, 옆의 개울을 건너면 구엄리이다. 그래서 아침마다 세 동네의 마을 방송을 모두 듣게 된다.

물메소랑은 물과 산이 많은 동네에 위치해 있다.

'소랑'은 제주어로 '사랑'을 뜻한다. 그래서 물메소랑은 '물이 많은 사랑스러운 동네'라는 의미를 지닌다.

물메소랑에서 제일 먼저 볼 수 있는 것은 한라산의 풍경이다. 제주에서는 어디에서나 한라산을 볼 수 있지만, 집 안에서 한라산의 사계절을 오롯이 볼 수 있는 곳은 그렇게 흔하지 않다. 한라산에서 눈을 옆으로 돌리면 애월 바다가 보인다. 물메소랑의 바로 옆에는 수산저수지가 있다. 예전에는 유명한 유원지였지만 지금은 저수지로 관리되고 있다. 수산저수지 옆으로는 높지는 않지만 경치가 수려한 수산봉이 있다. 수산봉은 애월 해변에서 구엄 염전밭을 거쳐 힘들이지 않고 오를 수 있는 올레길 16번 코스이기도 하다.

식구들이 제주로 내려와 정착
하기 전까지 물메소랑을 게스트
하우스로 운영했다. 특별히 돈을
벌기 위해 시작한 것은 아니다.
내가 제주에 자리를 잡았다는 소
식을 듣고 내려오는 지인들을 번
갈아 맞으면서 나누고 베푸는 즐
거움을 느꼈다. 도시 생활을 하
면서는 이토록 거리낌 없이 누군
가를 집에 초대한 적이 거의 없
었다. 마침 여유 있는 빈방이 있
어 손님을 맞이하는 즐거움을 지

물메소랑에서는 집 안에서 한라산을 볼 수 있다.

인에서 낯선 이들로 확대해 보고 싶었다.

지인의 권유에 따라 한동안은 에어비앤비에도 등록하고 본격적인
운영을 하기도 했다. 텃밭에 직접 심은 유기농 채소를 곁들여 바비큐
도 해 먹고 1층에 꾸민 카페에서 간단한 식사와 음료도 제공했다. 매
뉴얼에는 없는 음식도 나눠 주고 계획 없이 온 손님들에게는 일정을
짜 주기도 했다. 이동이 여의치 않은 경우에는 직접 데려다 주고 태워
오면서 오지랖 넓게 많은 이들과 만났다.

나 역시 해외로 혼자 배낭여행을 갔을 때 게스트하우스의 주인이
도움을 주면 그게 그렇게 고마울 수가 없었다. 사소한 행동 하나가 막
막한 여행자의 입장에서는 큰 친절로 다가온다는 것을 누구보다 잘
알고 있었기에 가능했다.

간판과 메뉴판을 직접 만들어 내걸었다.

지금은 식구들과 함께 머물고 있어 게스트하우스 운영이 어렵지만 물메소랑의 아름다운 풍경을 함께 나눈 이들과의 추억은 남다르다. 17년 만에 제주도에 여행을 왔다는 첫 번째 손님부터, 제주에서 학회와 행사가 있을 때마다 물메소랑으로 찾아오는 동료 교수들이나 후배들의 방문 등 반갑지 않은 기억이 없다. 청소년학교 제주 현장 방문 지원 프로그램의 일환으로 제주에 와서 물메소랑에 머물렀던 아이들과 함께 지낸 2박 3일도 뜻깊었다.

청소년학교 제주 현장 방문에 숙소를 협찬했다.

대학 동기이자 직장 동료였던 후배가 가족과 함께 내려와 퇴직 후 15년 만에 만났다.

애월 해변에서 카페를 운영하는 후배   결혼을 해서 가족과 함께 내려온 제자

　말이 안 통해 어색하게 손짓 발짓으로 얘기를 나누다가 어느덧 친해져 늦은 밤까지 함께 치킨을 나눠 먹고 체스를 두며 즐거운 시간을 보낸 중국 학생들도 기억에 남는다. 집 앞 잔디 정원에서 결혼식 뒤풀이를 했던 일도 있다. 특히 제자들이 어느덧 결혼을 하고 아이와 함께 물메소랑에 방문하면 너무나 감개무량하다. 제주에 정착한 후 도시에 터전을 둔 이들과의 물리적 거리는 더 멀어졌지만, 마음의 거리는 한층 가까워진 느낌이다.

게스트하우스 운영 노하우와 제주살이가 궁금한 이들에게 체험의 기회를 주기 위해 '제주 한 달 살기' 프로그램을 운영하기도 했다. 한 달이라는 시간 동안 물메소랑을 손님에게 제공하는 것이다. 잠시 다녀가는 것이 아니라 집처럼 먹고 자고 텃밭 또한 가꿀 수 있다. 한 달 살기의 목적은 저마다 다양하다. 제주에 정착하기 위해 시험적으로 살아 보고자 하는 경우도 있고, 방학을 맞이해 아이들에게 자연을 체험해 주기 위해 내려오는 경우도 있다. 단순히 한 달의 제주 여행을 계획해서 머무르기도 한다. 한 달이면 제주의 웬만한 곳은 다 돌아볼 수 있다. 따라서 제주 정착을 꿈꾸는 이들이라면 한 번쯤 체험해 보는 것도 좋다. 한편, 제주에서 숙박 업체를 운영하고 싶은 이들 또한 한 달 살기와 같은 프로그램으로 게스트의 관심을 끄는 것도 좋은 방법이다.

한 달 동안 제주에 살기 위해 내려온 권 교수 가족, 아이들과 함께 텃밭 체험을 하고 있다.

제주를 선택한 이웃들

아라동의 후배 가족

대기업 임원을 지낸 후배가 2015년에 제주로 내려왔다. 대기업에서 했던 일과 관련된 업체에서 근무하다가 1년 후 아내와 아들을 불러 함께 살고 있다. 농사나 사업이 아닌 직장 생활을 하면서 제주에 정착한 경우다. 현재는 아라동의 다세대주택에서 살고 있지만, 나처럼 땅을 사서 직접 집을 짓고자 하는 계획을 가지고 있다. 우리 집에 가장 많이 방문하는 이웃으로, 함께 낚시도 하며 주말을 같이 보내는 일이 많다.

> **TIP** 제주도에서의 구직 활동
>
> 제주도청 사이트에서는 제주 내 일자리에 대한 종합적인 정보를 제공한다. 제주일자리종합정보(jeju.work.go.kr/main.do)를 통해 구인구직 정보를 확인할 수 있으며, '청년 일자리 코너'를 별로로 운영하고 있다. 또한, 제주도에서는 매년 구직자들과 구인 기업을 연결해 주는 도민행복일자리박람회를 개최한다. 구직을 희망하는 사람들은 이력서를 가지고 행사장을 방문해 원하는 기업의 부스를 찾아가 면접을 볼 수 있다. 2017년부터는 화상 면접을 도입해 제주에 면접을 보러 내려오기 어려운 다른 지역의 구직자도 참여할 수 있다.

캠핑장을 운영하는 제자

2016년 제자가 가족과 함께 제주에서 캠핑장을 운영하기 시작했다. 서귀포시 천제연폭포 입구에 있는 '중문진실캠핑장'을 시로부터 위탁받아 운영하는 것이다. 주중에는 서울의 컨설팅 업체와 대학 등에서 강의를 하고 주말에 제주로 내려와 캠핑장을 관리한다. 나와 마찬가지로 도시 생활에서 벗어나 자연과 함께하는 일상을 꿈꾸며 제주로 왔다. 아이에게 자연 속에서 살아가는 여유로운 생활을 체험시켜 주고 싶다는 바람 또한 컸던 것으로 보인다. 제자의 아내는 조각가로

제주에 조각 공원을 만들고 싶다는 꿈을 가지고 있다. 제주에 살고 싶은 이유가 확고하고 하고자 하는 일도 분명하기 때문에 성공적인 정착 초기를 보내고 있다.

캠핑을 즐기는 사람들이 늘어나면서 제주도에도 편의 시설을 갖춘 오토캠핑장이 들어서기 시작했다. 캠핑장은 개인이 차리는 것도 물론 가능하지만, 지자체에서도 개발 사업을 많이 추진한다. 지자체의 캠핑장 사업은 대체로 모집 공고를 통해 운영자를 선발한다. 지원을 받아 안정적으로 운영할 수 있기 때문에 캠핑장 운영에 관심이 있다면 지자체의 사업 내용을 주시하는 것이 좋다. 중문진실캠핑장의 경우도 한국관광공사의 지원을 받아 운영되고 있다. 이런 정부 사업에 입찰 신청을 하기 위해서는 캠핑장 혹은 행사 운영이나 기획과 관련된 사업자 등록이 되어 있어야 한다.

캠핑장 운영 시 고려 사항

장소 선정	관광지 주변이거나 자연 경관이 뛰어난 곳을 선택한다. 이때 땅이 평지에 가깝거나 산림이 인접한 지역이면 캠핑장으로 꾸미는 비용을 절감할 수 있다.
설계 작업	일반 건축사무소보다는 조경 설계를 전문으로 하는 업체를 찾는 것이 좋다. 자연친화적인 개발 방식을 잘 알고 주변 생태를 보전하면서 설계를 할 수 있기 때문이다.
인허가	도로, 주차장 등 캠핑장에 필요한 기반 시설의 마련을 위해 각종 인허가 작업이 필요하다. 또한, 화장실이나 취사장, 관리사무소 등의 건물을 짓기 위해 건축 허가도 취득해야 한다.

펜션을 운영하는 이웃

친하게 지내는 이웃 이규상 씨는 2015년에 한림읍 귀덕리로 가족과 함께 내려와 십을 짓고 '사이시옷'이라는 이름의 펜션을 시작했다. 그밖에 보험설계사와 투어코리아 여행 업체도 운영하고 있는데, 한림에 입도한 이웃들에게 여행자를 위한 현지 숙박을 공유하고 제주 여행을 안내하면서 제주 생활을 해 나가고 있다.

TIP　숙박 시설을 운영하고 싶다면!

제주도로 이주하는 많은 이들이 숙박업에 관심을 둔다. 게스트하우스나 민박형 펜션을 운영하는 경우에는 그 절차가 까다롭지 않다. 거주하고 있는 주택을 이용해서 운영할 수 있고, 기본적인 시설을 갖추고 있다면 간단한 신고만으로 영업을 할 수 있다. 객실 수 7실 이하는 민박형 펜션으로 사업자 등록만 하면 된다.

농촌의 경우 「농어촌정비법」에서 제시하고 있는 소방 및 전기 시설을 갖춘 후 농어촌 민박 사업자로 관할 시·군·구청에 신고하면 영업이 가능하다. 도시의 게스트하우스의 경우에는 마찬가지로 관할 지자체에 외국인관광 도시민박업 사업자로 신고를 하면 영업이 가능하다.

그러나 객실 수가 7개를 넘는다거나 주택이 아닌 별도의 건물에서 숙박 시설을 운영한다면 정식으로 숙박업 허가를 받아야 한다. 7실 이하의 주택은 대부분 쉽게 민박을 운영할 수 있지만 펜션이 많아지면서 면적 제한이 생긴 지역도 있다. 따라서 숙박 시설을 운영하기 위해서는 해당 지역의 관련 법규를 먼저 파악하는 것이 좋다.

04

나는 이제
제주 사람

정착하다 ｜ 삶을 되찾다

정착
하다

°

    제주에 정착하기로 결정한 것은 다소 충동적이었다. 인생은 선택의 연속이다. 무언가를 선택한다는 것은 의외로 쉽지 않다. 특히 인생에서 중요한 결정이라면 당연히 더욱 어렵다. 하지만 안타깝게도 우리는 매일 선택의 순간을 마주해야 한다. 선택이 어려운 것은 후회와 미련 때문이다. 내가 선택하지 않은 것이 더 좋은 것이었을까 마음을 졸이게 된다. 그러나 또한 모든 일은 마음먹기에 달렸다. 지난 선택을 후회하기보다는 실패로부터 한 수 배웠다는 마음을 먹으면 조금 편해진다. 미련하게 지나간 선택을 되짚기보다 앞으로 선택하게 될 좋은 것을 생각하면 조금 더 편해진다. 이렇게 자기암시를 하며 나는 내 남은 인생에서 매우 중요한 선택을 했다. 그리고 지금 그 선택이 매우 만족스럽다.

제주와 가족

　제주에 정착하기로 마음먹은 것은 나 자신에게도 중요한 선택이었지만, 우리 가족에게도 마찬가지다. 아이들은 알아서 미래를 설계하고 계획해 나갈 것이기 때문에 동조해 주는 것만으로 충분했지만, 아내의 의견은 매우 중요했다. 마침 아내 또한 은퇴 후 제주에서의 삶을 막연하게 꿈꾸고 있었기에 과감한 선택이 가능했다. 아내는 아직 서울에 있는 대학에서 사회복지학과 교수로 재직 중이기 때문에 강의가 없는 날이나 주말, 방학을 이용해 제주에 머문다. 아내가 은퇴 후 서울 생활을 정리하고 내려오기 전에 내가 먼저 제주에 터를 잡는 것이 애초의 계획이었다.

　시기적절하게 아이들이 제주에서 직장을 다니게 되어 지금은 함께 생활하고 있지만, 이삿짐을 모두 싸서 제주에 내려와 집을 짓기 시작할 당시 나의 동반자는 강아지 황주뿐이었다. 황주는 '황금색 공주'라는 뜻으로 제주에 내려올 때 갓 두 달된 강아지였다. 제주에서 가장 고됐던 컨테이너 생활을 함께한 동지이기도 하다. 추운 컨테이너에 누워 쉴 때면 항상 황주가 곁에서 따뜻한 체온을 나눠 줬다. 그래서인지 지금도 황주를 보면 애틋한 마음이 든다.

컨테이너 생활을 하는 동안 함께 새벽 운동을 나왔던 황주

제주에 내려온 지 2달 후 황주의 짝인 진범이가 내려왔다.

　집이 얼추 모습을 갖추어 갈 무렵 황주를 보내 주었던 분에게 수캉아지를 다시 입양했다. 황주의 짝이 될 진범이었다. 진범이는 황주와 마찬가지인 순종 진돗개로 '진짜 범'이라는 의미를 갖고 있다. 황주와 진범이가 정원을 함께 뛰어 놀게 되자 집은 어느새 생활감이 느껴지는 공간이 됐다.

황주와 진범이는 만난 지 하루 만에 친해져 함께 잠들었다.

공사용 면장갑 하나를 가지고도 강아지들은 신나게 논다. 사람들은 대단한 걸 많이 가지고 있어도 힘들게 사는 데 말이다.

지금도 전원생활의 가장 소중한 동반자는 다름 아닌 황주와 진범이
다. 황주와 진범이는 어슴푸레 동이 터오는 새벽녘 누구보다 일찍 아
침을 시작한다. 아침이 밝아 오면 개 짖는 소리와 이웃의 닭 우는 소리
가 알람처럼 들려온다. 황주와 진범이 모두 성견이 되었고, 두 번의 출
산을 거쳐 부모가 됐다. 온순한 황주에 비해 활달했던 진범이도 아빠
가 되고 나니 제법 의젓해졌다. 제주살이의 연차가 쌓일수록 강아지
들과의 연차도 쌓여 간다. 앞으로도 이곳에서 많은 시간을 보내게 될
것이다. 아내 또한 은퇴하고 제주에 온전히 정착하게 되면 우리 부부
와 황주·진범이 부부가 함께 제주에서 가족으로 살아가게 될 것이다.

황주가 낳은 강아지들이 잔디
위를 기어 다니고 있다.

재능 기부

나는 50이 넘는 나이에 마지막 모판을 짜기 위한 준비에 착수하며 대체의학 분야를 새롭게 공부했다. 2년을 준비해 보건대체의학 학위를 받고 국가자격인 보건교육사 자격증도 취득했다. 자연건강치유사협

이장님의 권유로 노인학교에 강의를 나가게 됐다.

회를 설립하고 자연건강치유사를 양성하기 위해 대학원에 보건복지경영학과를 개설해 운영하기도 했다. 생활 습관과 식습관을 개선하고 적절한 운동을 해서 아프기 전에 건강한 삶을 지속시키자는 취지에 크게 공감했기 때문이다. 귀촌을 하면서는 의료 혜택을 받기 어려운 저소득 계층과 노년층을 대상으로 봉사 활동을 하며 의료 사각지대를 최소화하는 역할에 조금이나마 기여하는 것이 내 인생 사모작의 계획 중 하나였다.

제주에 정착한 이후 애월의 하귀노인학교에서 강의 요청이 들어왔다. 마침 마을 활동에 참여하며 도움이 될 만한 일을 찾고 있을 때 이장님의 권유가 있었다. 노인학교는 시에서 도움을 받고 있지만 적은 예산으로 운영되고 있어 외부 강사를 초빙하기가 힘들다. 그동안에는 교장 선생님이 대부분의 강의를 진행하고, 시정에 대한 안내나 농사 기술은 도청이나 시청의 공무원들이 와서 강의를 했다.

일반적인 교육 외에 좀 더 재미있고 실생활에 유용한 교육이 필요하다는 요청에, 내가 공부했던 대체의학으로 어르신들에게 도움을 줄 수 있는 좋은 기회라고 생각했다. 건강 관리법 및 집에서 할 수 있는 응급 처방 등을 주제로 강의를 준비했다. 거창한 듯 보이지만 건강하고 행복하게 사는 법에 대해 함께 이야기하는 시간이었다.

　노인학교에서 가장 나이가 많은 분은 90세를 훌쩍 넘겼다. 가장 어린 분도 70세가 넘었다. 70여 분의 어르신이 강의를 수강하고 있으며, 1년 과정으로 벌써 15기가 운영되고 있다. 제주에서도 꽤 오래된 노인학교다. 그러나 노인학교는 1년 과정을 마쳐도 다시 입학이 가능하기 때문에 가장 오래 다닌 분은 10년이 넘었다고 한다. 강의 내내 함께 웃고 박수도 치면서 강의를 듣는 어르신들의 모습은 그 어떤 학생들보다 진지했다. 꼬박꼬박 필기도 하고, 대답도 우렁찼다. 어르신들 덕분에 제주에 좀 더 녹아들 수 있었다.

수업을 듣는 어르신들의 열정이 대단하다.

한라산의 사계절을 오르다

한라산은 내게 특별한 의미를 가진다. 30년 전 신혼여행으로 처음 올랐던 곳이기도 하다. 제주에 정착하면서 가장 설렜던 것 중 하나는 한라산이 가까이에 있어 자주 등반할 수 있다는 사실이었다.

제주에 내려온 후 해마다 한 번 이상 한라산을 정상까지 등반한다. 제주에 정착해 처음으로 한라산을 등반했을 때는 가을이었다. 성판악에서 한라산 정상에 올라 백록담을 보고 관음사 방향으로 내려왔다. 날씨에 따라 백록담을 볼 수 있을 때도 있고 그렇지 않은 날도 많은데 나는 첫 등반에서 백록담을 만났다. 산을 오르는 동안에는 변화무쌍한 날씨가 구름을 몰고 다녔는데 백록담 정상에서는 구름 한 점 없이 맑았다. 하늘과 닿아 있는 정상에서 구름 아래로 세상을 내려다보는 것은 상상 이상의 감동을 준다. 내려오는 길은 가장 험하다는 코스를 선택했지만 가을 산에 취해 힘든 줄도 모르고 단걸음에 하산했다. 그날의 기억은 아직도 특별하게 남아 있다.

제주에 정착해 처음 올랐던 한라산 백록담의 모습이다.

한라산의 봄

　지난날 여행자로서 한라산에 올랐을 때는 이곳저곳을 구경하고 산을 정복했다는 만족감에 즐거웠지만, 지금은 발에 닿는 흙의 느낌과 자연이 주는 향취에 큰 안정감을 얻는다. 내가 산을 정복한 것이 아니라 산이 나를 품어 주는 느낌이다.

　지금도 날씨가 좋은 날 한라산을 오르는 것만큼 즐거운 일이 없다. 청량한 숲의 기운과 골짜기에서 들려오는 맑은 소리는 그 자체로 안정을 준다. 정상에 올라 멋진 풍경을 선물받으면 고단한 마음이 깨끗

한라산의 여름

한라산의 가을

하게 정화된다. 살면서 중요한 것은 무언가를 얻기 위해 노력하는 것이 아니라 담을 것과 버릴 것을 구분하는 일이라는 걸 한라산이 가르쳐 줬다.

　한라산은 계절이 바뀔 때마다 다양한 모습을 보여 주지만 항상 그 자리에 있다. 제주의 삶을 택하면서 내가 꿈꾸던 모습이 이와 다르지 않다. 어느덧 한라산의 사계절을 모두 경험하고 나니 내가 비로소 제주에 정착했다는 것이 실감난다.

한라산의 겨울

삶을
되찾다

생각하는 것은 자유롭지만 그 생각을 현실로 옮기는 것은 쉽지 않다. 엄청난 용기가 필요한 일이다. 서울에서의 생활은 아침부터 밤까지 하루하루가 전쟁이었다. 강의를 하며 대학원을 운영하고, 논문 지도에 학회 일을 돌보고, 정부 기관 평가와 과제 평가, 기업 강의와 프로젝트까지 눈코 뜰 새가 없이 바빴다. 여기저기 직책도 많아 명함만 13개를 가지고 다녔다. 10년 넘게 하루 3시간씩 자면서 일해도 하루가 너무 짧았다. 막상 하루 중 행복했던 시간은 얼마 없었던 것 같다. 이런 상황이 거듭될수록 도시를 떠나고 싶다는 욕구가 점차 강해졌다. 지친 육체와 고갈된 정신을 충전하고, 하고 싶은 일로 가득한 하루를 살고 싶었다. 그렇게 제주에 오고 나서 건강도 부쩍 좋아졌다. 마음을 가득 채우고 있던 불안과 초조도 이제는 거의 찾을 수 없다.

건강검진을 다시 받다

나는 서울에서 태어나 도시 속에서 성장하고 성인이 된 이후에는 성공이라는 목표를 향해 앞만 보고 달려왔다. 그동안에는 의식조차 못하고 살았는데, 어느 날부터 서울 한복판에서 밤하늘을 올려다봐도 별이 보이지 않는다는 것을 피부로 느끼게 되면서 점점 인생이 팍팍하게 여겨졌다. 나름대로 열심히 살아왔기에 지난 시간을 후회하는 것은 아니지만 일에 정신없이 매달리고 어느덧 중년이 되고 보니 앞만 보고 달리던 서울살이에 회의가 들었다.

중년은 기업의 핵심 인력인 동시에 경제적으로도 가장 정점인 시기이다. 그러나 바쁜 일상에 쫓겨 스스로의 행복과 건강을 돌아보지 못하는 나이이기도 하다. 나 역시 마찬가지였다. 제주에 내려오기 전에는 당뇨 진단을 받아 건강에 위기가 오기도 했다. 그러나 제주에 정착하고 나서 건강이 부쩍 좋아졌다.

제주에 내려오고 1년째 되는 시기에 건강검진을 받았다. 내려오기 전인 2년 전과 비교했을 때 키는 0.8cm가 커졌고, 체중은 15kg이 줄었다. 혈압도 양호하고 시력은 좌우 1.0으로 서울에서 지낼 때보다 0.3이 좋아졌다. 혈당도 뚝 떨어졌다. 은퇴할 나이에 키가 크고 시력이 좋아졌다니 스스로도 놀랐다. 밭 갈고 농사지으면서 규칙적으로 생활하고, 내가 키운 작물로 건강한 식사를 하면서 시달리는 일 없이 하루하루를 보람차게 보낸 덕분이 아닌가 싶다.

언제부턴가 새벽 4시에 저수지 건너편 절에서 울리는 예불 종소리에 눈을 뜬다. 거친 바람에 흔들리는 풍경 소리가 은은한 종소리와 하모니를 이루는 새벽에 일어나 규칙적인 하루를 시작하게 됐다. 아직 제주에서 보낸 시간이 길진 않지만, 그 어떤 시절보다 삶이 만족스럽다.

삶은 여행처럼

어느덧 제주에 내려와 집을 짓고 살면서 제주도민이 됐다. 10년 전만 해도 내가 제주에서 살게 될 것이라고는 생각하지 못했다. 이제는 매일 아침 제주 애월의 집에서 눈을 뜨고 텃밭에 나가 잡초를 제거하면서 부지런하고도 한가로운 일상을 사는 것에 익숙해졌다. 매일 아침 바쁜 출근 인파에 섞여 숨 가쁘게 하루를 살았던 것이 까마득하기도 하다.

물론 나는 아직 제주와 서울을 오가는 일이 많다. 내 인생에서 가장 많은 시간을 보냈던 서울에 더 많은 인연이 남아 있고, 방문해야 할 일정도 많다. 제주에 내려오면서 하던 일을 거의 정리하고 왔지만, 아직 강의나 평가 등 서울에서 해야 할 일도 종종 생긴다. 서울에서 일이 있을 때면 아침 7시에 제주공항에서 출발하는 비행기에 올라 8시에 김포공항에 내린다. 공항철도나 9호선 지하철을 타고 20여 분이면 서울역이나 강남에 도착할 수 있다. 그럼 9시쯤 목적지에 다다른다.

제주에서 서울의 목적지까지 대부분 두 시간이면 충분하다. 서울에서는 아침마다 운전을 하거나 지하철이나 버스를 이용해 한 시간 이상을 출근하는 데 소비했던 걸 생각하면 거리에 따른 시간의 간극이 그리 크지 않다는 사실이 놀랍다. 제주는 우리나라의 최남단에 위치해 있어 거리상으로는 서울과 가장 멀다고 하는데, 사실 오가는 시간은 생각보다 많이 걸리지 않는다. '멀다'는 것은 아마도 물리적인 시간이 아니라 정서적인 의미가 아닐까 싶다. 도시의 사람들은 주로 쉬기 위해 제주에 내려온다. 바쁜 일상 속에서 여유를 내서 쉬는 것에 대한 마음의 거리가 멀다는 의미인 듯하다.

서울에서 살 때의 나는 항상 어디론가 떠나고 싶었다. 그런데 요즘은 육지에 나갈 때마다 빨리 제주도로 돌아가고 싶은 마음이 든다. 늘 여행하듯 사는 것을 꿈꿨는데, 이제는 어딘가로 떠나면 돌아갈 시간을 떠올린다. 아직도 제주보다는 서울에 만날 사람이 많지만, 볼일을 마치면 제주로 다시 내려가기 바쁘다. 이제 더 이상 여행자의 삶이 부럽지 않다.

내가 여행을 통해 얻고 싶었던 것은 답답한 생활로부터의 자유, 기대로 가득 찬 일상, 매순간을 즐기고 여유를 잃지 않는 것 등이었다. 나는 도시를 떠나 제주에 정착하면서 이것을 얻었다. 반드시 어딘가로 떠나는 것만이 여행은 아니다. 일상에서도 매일 즐거움을 발견할 수 있다면 여행자와 같은 삶을 사는 것이다.

여행은 언제나 돈의 문제가 아니고 용기의 문제다.

- 파울로 코엘료, 『알레프』

나는 꿈을 꾸는 사람에게만 내일이 존재한다고 믿는다. 누구나 꿈을 꿀 수 있지만 생각만으로는 아무 일도 일어나지 않는다. 마음을 먹고 행동으로 옮겨야 어떤 변화라도 일어난다. 나 역시 마찬가지였다. 번잡한 도시의 삶을 벗어나 어딘가로 떠나고 싶은 막연한 생각은 용기를 통해 조금씩 구체화됐다. 이제 서울에 가면 낯선 느낌을 받는다. 나도 이제 제주 사람이 다 된 것 같다.

서울 촌놈, 제주에서 자리 잡기

초판 1쇄 인쇄 2018년 5월 5일
초판 1쇄 발행 2018년 5월 10일

지은이 이강군

펴낸이 김언흥
펴낸곳 아라크네

출판등록 1999년 10월 12일 제2-2945호
주소 서울시 마포구 성미산로 187 아라크네빌딩 5층(연남동)
전화 02-334-3887   팩스 02-334-2068

ISBN 979-11-5774-601-9 13590